Valentin Groebner

Wissenschaftssprache

Eine Gebrauchsanweisung

Konstanz University Press

Bibliografische Information der Deutschen Nationalbibliothek

Die Deutsche Nationalbibliothek verzeichnet diese Publikation in der Deutschen Nationalbibliografie; detaillierte bibliografische Daten sind im Internet über http://dnb.d-nb.de abrufbar.

(Konstanz University Press ist ein Imprint der
Wilhelm Fink GmbH & Co. Verlags-KG,
Jühenplatz 1, D-33098 Paderborn)

www.fink.de | www.k-up.de

Einbandgestaltung: Eddy Decembrino, Konstanz
Satz: EDV-Fotosatz Huber/Verlagsservice G. Pfeifer, Germering
Printed in Germany.
Herstellung: Ferdinand Schöningh GmbH & Co. KG, Paderborn

ISBN 978-3-86253-025-0

Inhalt

»If the writer does his job right, what he basically does is remind the reader of how smart the reader is.«

(David Lipsky: A Road Trip with David Foster Wallace, New York 2011)

Intro

Der Planet heißt Akademia. Er ist von zwei Stämmen besiedelt, die nicht miteinander kommunizieren können, weil sie an unterschiedliche Kosmologien glauben, oder besser, weil sie sich selbst und ihre Arbeit auf unterschiedliche Weise verorten. Einig sind sie sich darüber, dass das Klima auf dem Planeten wüstenhaft und rauh ist. Die erste Gruppe stellt seine Besiedlung in Form von Glashäusern dar. Man ist entweder drinnen oder draußen. Nur im Inneren kann man wachsen und gedeihen, und die Kämpfe und Konkurrenzen drehen sich um Zugang, um Einlass in die geschützten Werkstätten.

Die zweite Gruppe beschreibt den Planeten ganz anders: als ein System von Busbahnhöfen. Man stellt sich an einem Schalter an, das kann dauern; unklar auch, wer wo welche Fahrkarte bekommt. Mit ihr fährt man dann los. Manche Tickets sind allerdings weniger lange gültig, und dann muss ihr Besitzer aussteigen, möglicherweise mitten in der Wüste. Eine gute Fahrkarte dagegen bringt einen – nach langer Fahrt – zum nächsten Bahnhof. Und dort stellt man sich wieder an. Die Konkurrenzkämpfe drehen sich also nicht um Zugang zu Orten, sondern um die richtigen Fahrkarten, um Geschwindigkeit, Verbindungen und Anschlüsse.

Die Vertreter beider Richtungen, so smart, fleißig und belesen sie auch sein mögen, sind nicht in der Lage, die Wahrnehmung der jeweils anderen nachzuvollziehen.[1] Gemeinsam ist beiden, dass sie sich hinter Glasscheiben befinden und hinausschauen. Ist der Planet wirklich so unwirtlich? Für die Mitglieder der einen Gruppe ändern sich die, die draußen sind und auf Einlass warten. Für die der anderen ändert sich die Landschaft.

Selbstverständlich haben beide Stämme recht, die Glashausbewohner ebenso wie die Buspassagiere. Beiden gemeinsam ist auch ihre stumme Übereinkunft, so zu tun, als wohne dort niemand sonst. Und über Einsamkeit zu klagen.

Das Raumschiff, das Menschen auf diesen Planeten befördert, heißt Schreiben.

Worum geht es?

Juni 2009, Workshop im Deutschen Literaturarchiv Marbach: »Die Sprache der Wissenschaft«. Von der Produktion wissenschaftlicher Texte sollte die Veranstaltung handeln, vom Schreiben. Dafür waren eineinhalb Tage anberaumt, und in der Vorstellungsrunde zu Beginn hatten sich die Teilnehmer – neun weiblich, vier männlich, laufende oder gerade frisch abgeschlossene Doktorarbeiten in Literaturwissenschaften, Geschichte, Kunstgeschichte, Philosophie und Wissenschaftsforschung – in Erklärungen überboten, was für Vergnügen es ihnen bereite. Wie gerne sie schrieben, wie wichtig ihnen ihr eigenes Schreiben sei. Vorgetragen wurde das mit intensiver, leicht verbissener Fröhlichkeit. »Spannend« war dabei ein häufig gebrauchtes Adjektiv. »Aufregend«. Auf skeptisches Nachfragen – »Meint Ihr das ironisch?« – wurde das dann kombiniert mit Demuts-, ja Abhängigkeitsbekenntnissen. »Zerrissen« sei man bei der Einschätzung eigener Texte. Andere sprachen von »quälender Unsicherheit«. Oder, kürzer: »Meine Obsession«. Klang nicht wie Ironie.

Als Veranstalter einer Schreibwerkstatt erzählt man den Teilnehmern erstens das, was sie wahrscheinlich bereits wissen; und zweitens das, was sie vermutlich nicht so gerne hören. Von beidem handelt dieses kleine Buch. Es ist aus einer Reihe von Seminaren in Sachen Schreiben entstanden, die ich teilweise alleine, teilweise zusammen mit Kollegen zwischen 2003 und 2010 unterrichtet habe. Es ist – ich muss das gleich zu Beginn sagen – unmethodisch. Es ist eine Art Spaziergang durch einige Ecken jenes großen und schwer übersichtlichen Feldes »wissenschaftliches Schreiben«. Es ist deswegen unvollständig; keine Übersicht, sondern ein Versuch über Wissenschaftssprache und einige ihrer Erscheinungsformen im 20. und 21. Jahrhundert.

Im ersten Abschnitt, den Sie gerade aufgeblättert haben, geht es erst einmal darum, wovon dieses Buch handelt und an wen es sich richtet – eine Art Gebrauchsanweisung. Der zweite Teil fragt danach, was »wissenschaftlich« und »akademisch« in Bezug aufs Schreiben in der Praxis bedeuten. Dazu ist ein historischer Rückblick notwendig (er ist aber ganz kurz), und eine Erkundung der besonderen Spielregeln, die auf dem Planeten Akademia herrschen. Im dritten Abschnitt geht es schließlich nicht um die Institutionen, sondern ums Schreiben als Arbeit. Er ist deswegen mit »Werkzeugkasten« überschrieben. Wie kann man die eigenen Texte besser, klarer, lesbarer machen?

1. In der Schreibwerkstatt

Die zwei Annahmen, von denen das Folgende ausgeht, sind simpel. Die erste ist, dass gute Schreibe quer zu den Hierarchien des Planeten Akademia liegt. Schreiben ist heteronorm, könnte man sagen: Die Fähigkeit, Texte schreiben zu können, die elegant und geschliffen argumentieren und die man mit Vergnügen liest, ist aus den internen Hierarchien der einzelnen Fächer nicht ohne weiteres ablesbar. Professorinnen und Professoren müssen gewöhnlich mehr, aber nicht klarer und lesbarer schreiben als ihre Doktorandinnen und Doktoranden. Diejenigen, die Anträge für die Deutsche Forschungsgemeinschaft und den Schweizerischen Nationalfonds begutachten, formulieren nicht unbedingt besser als diejenigen, die dort diese Anträge einreichen. Auf Nachfrage sind sich alle Beteiligten darüber einig, dass es ohne gutes Schreiben an den Universitäten nicht gehe, vor allem nicht für den Nachwuchs. Aber das Verhältnis von schreiberischer und wissenschaftlicher Qualität ist notorisch unklar und bietet eher unerfreuliche Blickwinkel auf den akademischen Normalbetrieb. Darin könnte auch der Grund liegen, dass Schreiben bislang in den deutschsprachigen Universitäten kaum expliziert thematisiert wurde und nicht extra gelehrt. Interessanterweise beginnt sich das jetzt gerade zu ändern; Seminare, Kurse und Workshops in Sachen Schreiben erscheinen als *soft skills* im Programm von Master- und Promotionsstudiengängen.

Zweite Annahme: Ein guter wissenschaftlicher Text ist als solcher erkennbar, egal ob er als Aufsatz, Buchbesprechung, Lexikonartikel oder – das wird uns hier eingehender beschäftigen – als Dissertation daherkommt. Gutes Schreiben ist erlernbar. Es ist nicht nur Geschmackssache, sondern folgt allgemeinen Gesetzmäßigkeiten, und die sind relativ einfach zu beschreiben. Anders gesagt, es ist zu einem sehr großen Teil Handwerk. Deswegen hat es mit Selbstdisziplin und der Unterwerfung unter bestimmte Regeln mindestens ebenso viel zu tun wie mit angeborenen Begabungen.

Aber wenn beide Annahmen zutreffen, warum sind solche Texte dann nicht häufiger, selbstverständlicher Teil des akademischen Normalbetriebs?

Das Folgende bietet keine Geschichte des gelehrten Deutsch und der verschiedenen akademischem Stile, denn die müsste anfangen mit jener erstaunlichen Begriffsexplosion des späten 18. Jahrhunderts und den wunderbaren abstrakten Bedeutungsmaschinen, die damals von den Aufklärern und Romantikern in die Welt gesetzt werden und die wir bis heute verwenden; und von dort wahrscheinlich noch weiter zurückgehen zur Predigt- und Traktatliteratur des 16. Jahrhunderts und zur Geschichte der gelehrten Polemik seit dem Mittelalter. (Und das muss nicht sein.)

Dieses kleine Buch ist auch keine Anleitung zum richtigen wissenschaftlichen Schreiben, jedenfalls keine im üblichen Sinn. Solche praktischen Handbücher gibt es bereits in großer Zahl, und viele davon sind ganz ausgezeichnet. Als akademischer Lehrer wünscht man sich manchmal innig, dass diese Anweisungen nicht nur publiziert und gekauft, sondern auch gelesen und befolgt würden. Deswegen muss ich die geglückten dieser Ratgeber nicht noch einmal wiederholen. Viele Schreibführer liefern sogar ganze Listen typischer Redewendungen im verzerrten Wissenschaftsdeutsch und praktische Hilfe, sie durch schlichtere, kürzere und bessere Ausdrücke zu ersetzen.[2] Auch darum geht es hier nicht. Die meisten Schreibführer schließlich bieten relativ umfangreiche Anleitungen, die Angst vorm Anfangen und vor dem leeren Blatt zu überwinden, und haben dafür eine

Fülle von Techniken parat, die so schöne Namen wie Wolke, Analogierad und Strukturbaum tragen. Auch davon wird hier keine Rede sein. Schreiben, korrigieren und verbessern müssen Sie ohnehin selber.

Was ich hier versuche, ist eher eine Sammlung von Beobachtungen in und an wissenschaftlichen Texten. Sie ist organisiert unter der Leitfrage, ob sich aus der Beschreibung dieser Phänomene auch praktische Schlüsse ziehen lassen, und zwar vorzugsweise solche, die für Autorinnen und Autoren nützlich sein können, die im Zeitalter des Internets selbst an einem größeren Text für ein wissenschaftliches Publikum arbeiten – an einer Dissertation zum Beispiel. Solche akademischen Texte richten sich in erster Linie an akademische Leserinnen und Leser. Deswegen wird im Folgenden relativ viel von Mechanismen innerhalb wissenschaftlicher Disziplinen die Rede sein und von den unübersehbaren Spuren, die sie in ihren Produkten aus Papier und Druckfarbe hinterlassen. So explizit sich Wissenschaft in ihren gedruckten Erscheinungsformen als öffentliche Veranstaltung und Gegenstand öffentlichen Interesses gewöhnlich darstellt (sie wird ja auch zum größten Teil aus öffentlichen Mitteln bezahlt), so diskret, aber machtvoll wirken viele der Mechanismen, die wissenschaftliche Texte prägen und zu dem werden lassen, was für Wissenschaftssprache typisch ist.

Ich schreibe als Historiker, der sich für Nachbarfelder – Literatur- und Kunstwissenschaft, Wissenschaftsforschung und Medienwissenschaften – interessiert. Gemeinsam ist allen diesen Disziplinen, dass es erstens um die Präsentation von Material geht, das von Autorin & Autor selbst erarbeitet worden ist (also z.B. um schriftliche Quellen, Bilder oder aufbereitete Datensätze aus dem Untersuchungsfeld). Zweitens geht es um die Einordnung dieser Befunde, gewöhnlich in Bezug auf ältere Arbeiten von Fachkollegen und mit Hilfe von theoretischen Modellen und Erkenntnisbegriffen. Mir scheint, dass die alten wie die neuen *humanities* eine ganze Mengen Themen, Interessenslagen (samt wechselnden Interessenskonjunkturen) und Untersuchungsinstrumente gemeinsam haben. Vielleicht beharren die verschiedenen kultur- und geisteswissenschaftlichen Fächer deswegen mit so viel Nachdruck auf ihren jeweils eigenen disziplinären Besonderheiten: Sie sind, könnte man sagen, getrennt durch gemeinsame Obsessionen.

Aber warum nimmt deutsche akademische Prosa ganz bestimmte Formen an? Und wie kann man die schlimmeren dieser Erscheinungen vermeiden? Das Folgende ist eine Einladung zur Selbstbefragung. Was für eine Art Autorin & Autor möchten Sie gerne sein? Es ist ziemlich einfach, über innerakademische Fachsprachen mit ihren manchmal nur schwer nachvollziehbaren Begriffsbestimmungen, Anspielungen und Abgrenzungen zu spotten. Es ist um einiges schwieriger, es selbst wirklich anders zu machen. Wer sich aber nur die Sprachspiele der eigenen Fachdisziplin zum Vorbild nimmt, wird Texte produzieren, die sich von einem sehr großen Teil ihrer möglichen Leser schon im Voraus verabschiedet haben. Und zwar gewöhnlich für immer.

2. Irgendwie deutsch

Aber gibt es sie am Beginn des 21. Jahrhunderts überhaupt noch, die deutsche Wissenschaftssprache in der Einzahl, in der Ära des Englischen als internationaler *lingua franca*, auf deren Basis bibliometrische Impaktfaktoren, Zitatstatistiken und globale Ranglisten ermittelt werden?

Zumindest als Stereotype sind die deutsche Wissenschaftssprache und ihre Institutionen im 21. Jahrhundert weiterhin sehr wohl präsent. Gerade im angelsächsischen Sprachraum; dort allerdings gewöhnlich in nicht allzu schmeichelhafter Form. »Mein neues Forschungsgebiet«, so lässt zum Beispiel der amerikanische Schriftsteller Jonathan Lethem seinen Wissenschaftler-Helden in einem klugen Campus-Roman 2002 sinnieren, »war irrelevant, aber bedeutungsvoll. Die Ergebnisse erschienen ausschließlich in deutscher Übersetzung, und zwar in der Zeitschrift VOS, *Veröffentlichen oder Sterben*: Aufsätze mit unendlich langen Fußnoten, trocken und unlesbar wie eine Handvoll feinen Sandes«. Der mit deutschen Verhältnissen gut vertraute Historiker Timothy Garton Ash beginnt ein 2004 erschienenes Buch über das Verhältnis zwischen Europa, Amerika und dem Rest der Welt mit einem bösen britischen Witz. Bei seinem Amtsantritt habe Premierminister Tony Blair Großbritannien Universitäten wie in Amerika und Gefängnisse wie in Deutschland versprochen. Herausgekommen seien leider Gefängnisse wie in Amerika und Universitäten wie in Deutschland.[3]

Möglicherweise muss man um solche vertrauten, alten Fremdbilder einer strengen und übermäßig pedantischen deutschen Wissenschaft aber ganz froh sein angesichts ganz anderer Phänomene. Wer sich auf dem Netz durch die verschiedenen Selbstdarstellungen von Forschungsverbünden und Exzellenzclustern deutschsprachiger Universitäten klickt, der wird nicht nur mit erstaunlichen neo-englischen Sprachperlen wie Hyper-Evaluation, Skilltraining und Total Quality Management belohnt. Er schwebt auch durch sehr deutsche Satzwolken, die in ihrer Breite und Unschärfe unvergesslich bleiben. »Interdependente Größen, die sich auf spannungsreiche und dynamische Weise wechselseitig hervortreiben, bedingen und irritieren«. Ein Forschungsverbund »schreitet das gesamte Spektrum verschiedener Reichweiten der Integration von Anwesenheitsgesellschaften oder Kleinstgruppen (Familie) bis hin zur Weltgesellschaft ab«. Ein anderer »umfasst das Kontinuum aller Abweichungsgrade innerhalb von Praktiken und Diskursen und bringt dadurch einen Möglichkeitsüberschuss hervor« – und so weiter.

So klingt die Wissenschaftssprache Deutsch im 21. Jahrhundert auch. Natürlich nicht ganz freiwillig. Sie ist geprägt von den zynischen Euphemismen politischer Sprachregelungen, die auch die einschneidendsten Kürzungen im Bildungsbereich stets als »Qualitätspakt« bezeichnet wissen wollen und damit sowohl das Einverständnis der betroffenen Institutionen wie vermeintliche Gegenseitigkeit suggerieren. Auch der Jargon von Betriebsberatungs- und Marketingfirmen hat deutlich auf sie abgefärbt. Unter diesem Druck verwandeln sich die Angaben ernsthafter Wissenschaftler und stolzer Institutionen, worüber sie eigentlich arbeiten, in eine Art feinporigen Textschaum. Er weckt Assoziationen, die eigentlich eher in die Polymerchemie passen würden: einzelne Gegenstände und Ideen, verflüssigt zugunsten maximaler Viskosität und Aufblasbarkeit – in die kleinsten Ritzen eindringen, die größten Hohlräume füllen.[4]

Forschung heißt, Wissen über etwas zu erzeugen, das vorher noch niemand gewusst hat. In der Praxis bedeutet das, sich in Zonen des Unstrukturierten hineinzubewegen, das bisher noch keinen Namen hatte. Man bohrt sich sozusagen ins Unbekannte, Ungeordnete und Banale hinein, um neue Informationen zu erzeugen. Und die dann, hinterher, den eigenen Lesern so zugänglich, griffig und ja: elegant wie möglich zu präsentieren. Komischerweise geht diese schlichte Tatsache leicht vergessen. Das ist einer der unangenehmeren Nebeneffekte von Wissenschaftssprache.

Und das bringt uns zur Dissertation zurück. »Mach keine Doktorarbeit daraus!« sagen Mütter zu ihren Kindern, die etwas erledigen sollen und dafür endlos lange brauchen. Aber Dissertationen sind eben nicht nur belächelte Superspezialisierung und sprichwörtliche Umständlichkeit. Eine Dissertation ist gleichzeitig ein besonders machtvolles Stück Text, das die Person, die es geschrieben hat, buchstäblich definiert: Wie die Doktorarbeit, so der Doktor. Am schönsten sichtbar wurde dieses Prinzip in den aufgeregten öffentlichen Debatten um fingierte, plagiierte und geschönte Dissertationen deutscher Politiker und Politikerinnen im Frühjahr und Sommer 2011. Nachdem der amtierende Verteidigungsminister überführt worden war, seine Dissertation zu großen Teilen aus fremden Texten zusammenkopiert zu haben und er nach heftigen Diskussionen (und nach langem, langem Zögern) von seinem Amt zurücktrat, gerieten noch weitere Doktorarbeiten von Parlamentsabgeordneten ins Visier. Ihnen wurden unsaubere wissenschaftliche Arbeitsweisen und falsche Zitate ebenso vorgeworfen wie mangelnde Literaturangaben im Anmerkungsapparat.

Als Zeitungsleser rieb man sich erstaunt die Augen. Nach zehn, fünfzehn, zwanzig Jahren apodiktisch vorgetragener Prognosen über den Untergang der Universitäten, das Verschwinden des Buches und die Herrschaft der flottierenden Zeichen und Bilder (vom Tod des Autors ganz zu schweigen) wird plötzlich ausgerechnet die universitär bestallte Wissenschaft und ihre stacheligste Frucht, die Doktorarbeit, als hochoffizielle Wahrheitsmaschine gehandelt. Mehr noch, sie wird zur Garantie für die moralische und intellektuelle Integrität ihres Verfassers – jetzt doch?

3. Hochspezialisiert wofür?

Wer im Jahr 2012 in einem kultur- oder geisteswissenschaftlichen Fach seine Doktorarbeit schreibt, will aber nicht unbedingt Verteidigungsminister oder Europaparlamentsabgeordnete werden, jedenfalls nicht gleich. Erst einmal will er oder sie nur eine wissenschaftliche Arbeit vorlegen, als Nachweis der eigenen Fähigkeiten zur vertieften Recherche und Analyse, gerichtet an ein engeres Fachpublikum.

Wer im Jahr 2012 seine Doktorarbeit schreibt, tut das aber in den meisten kultur- oder geisteswissenschaftlichen Fächern unter den Bedingungen der Überforschung. Unbeirrt von jahrzehntelangen Krisendiagnosen sind die deutschsprachigen Kultur- und Geisteswissenschaften durchaus nicht im Verschwinden begriffen, sondern in den letzten dreißig Jahren gewachsen, und zwar kräftig gewachsen – jedenfalls was ihre papiernen Früchte, die Publikationen, angeht. In manchen Bereichen, etwa den Medienwissenschaften, in der Bildwissenschaft und in der Wissenschaftsforschung, tun sie das mit großer Geschwindigkeit und beträchtlichen jährlichen Zuwachsraten. Die Gründe dafür haben weniger mit den Ausgaben der öffentlichen Hand für Wissenschaft und Forschung zu tun als mit internen Mechanismen in den akademischen Disziplinen, von denen weiter unten noch die Rede sein wird. Die Geistes- und Kulturwissenschaften mögen ihre eigene Situation als krisenhaft wahrnehmen, aber sie produzieren Lesestoff wie nie zuvor und sind geradezu unheimlich produktiv.[5] Auch in meinem eigenen Fach, den weiterhin eher traditionell verfassten Wissenschaften vom Mittelalter, sind die Zahlen eindrucksvoll. 1967 verzeichnete die *International Medieval Bibliography* insgesamt 1292 Aufsätze in Zeitschriften, Sammelbänden und Nachschlagewerken, die in diesem Jahr erschienen waren, ohne selbstständige Monographien. 2009 waren es mehr als achtmal so viele, 10.507 Titel. In einem einzigen Jahr.

Überforschung ist natürlich ein böses Wort. Kann es unter den Bedingungen arbeitsteiliger Spezialisierung denn jemals genügend, geschweige denn zuviel Detailwissen geben? In der Theorie nicht. In der Praxis schon. Wenn Sie Autor & Autorin einer noch nicht fertiggeschriebenen Dissertation sind, dann ist das nicht einfach das Problem ihrer Fachdisziplin. Sondern Ihr eigenes, höchst persönliches.

Universitätsprofessorinnen und Professoren, die umfangreiche Drittmittel für großangelegte Exzellenzcluster und Graduiertenkollegs mit Dutzenden Dissertationsstipendien schaffen, werden dafür von ihren Universitätsleitungen und Kollegen gelobt. Aber so effizient sie das auch tun, sie werden nicht in der Lage sein, den vielen von ihnen herangezogenen Nachwuchswissenschaftlern mit Promotion angemessene Arbeitsmöglichkeiten in der Wissenschaft zu bieten; und den Post-docs und Habilitanden, die mit ihrer Arbeit das muntere Karussell der Forschungscluster, Tagungen, Sammelbände, Neuanträge am Laufen halten, auch nicht. Und zwar nicht deswegen, weil die Professoren das nicht möchten, sondern weil es ihre Möglichkeiten überschreitet.

Auf dem Planeten Akademia gibt es, verglichen mit den Warteschlangen vor Glashäusern und Busbahnhöfen, relativ wenige feste Dauerarbeitsplätze. Der weitaus größte Teil der ehrgeizigen, fleißigen und hochspezialisierten Nachwuchsleute des Wissenschaftsbetriebs muss sich nach Abschluss seiner Forschungsprojekte auf die Suche nach Jobs anderswo machen. Und das sind Anstellungen, die mit dem, was ihnen die Wissenschaft vor der Dissertation versprochen hat, aller Wahrscheinlichkeit nach nur wenig zu tun haben werden. Weil sie aufgeweckte junge Leute sind, wird der größte Teil von ihnen sich auch in diesen anderen Verhältnissen zurechtfinden. Fragt sich nur: Was werden sie dann später von ihren Doktormüttern und -vätern halten, die so erfolgreich im Akquirieren von Forschungsmitteln waren, aber keine

Verantwortung für die Arbeitsbiografien all derer übernehmen konnten, die diese Forschung dann tatsächlich umgesetzt haben? Wer im Jahr 2012 in einem kultur- oder geisteswissenschaftlichen Fach seine Doktorarbeit schreibt, tut auf jeden Fall gut daran, sie auch für fachfremde Leser lesbar und interessant zu machen.

4. Allein in Digitalien

Und damit wären wir beim Praktischen – und das heißt, beim Digitalen. Wer im Jahr 2012 in einem kultur- oder geisteswissenschaftlichen Fach seine Doktorarbeit schreibt, der will für gewöhnlich ein Buch produzieren. Im Zeitalter digitaler Informationsspeicherung und -vermittlung ist das ein anderes Unterfangen als noch vor zwanzig Jahren. Es hat seine Selbstverständlichkeit verloren, die Resultate der eigenen Arbeit einem Medium anzuvertrauen, das weder die automatische Verknüpfung mit anderswo gespeichertem Material per Hyperlink bietet noch die Möglichkeit, Bild-, Film- oder Musikdateien direkt in das Dokument zu integrieren; von seiner Vervielfältig- und Mobilisierbarkeit ganz zu schweigen. Ein gebundener Stapel bedrucktes Papier ist ein relativ träges Ding.

Hier ist nicht der Ort, den vielen, mehr oder weniger aufgeregten Prognosen über die Zukunft des Buchs eine weitere hinzuzufügen. Aber die digitalen Medien des 21. Jahrhunderts und die Bedingungen, unter denen man sie benutzt, halten einige interessante Lektionen über den Umgang mit Büchern parat. Wer im Jahr 2012 in einem kultur- oder geisteswissenschaftlichen Fach seine Doktorarbeit schreibt, tut das unter den Bedingungen der elektronischen Netzwerke. Das heißt, er tut es gleichzeitig mit Hilfe des Internets – mit all den wunderbaren Hilfsmitteln der digitalen Kommunikationsmaschinen – und dagegen.

Wissenschaftliches Schreiben gegen das Netz klingt irgendwie absurd und heroisch, ist aber einfach banale Tatsache. Das Netz ist nicht nur ein unerschöpflicher Fluss an neuen und beständig aufdatierten Informationen. Es ist gleichzeitig, aus genau denselben Gründen, ein Medium des Verschwindens. Es liegt nicht unbedingt nur an Ihren eigenen mangelnden Fähigkeiten als Benutzer, wenn Ihre Recherche im weiten Land Digitalien so häufig ins Leere geht und als Resultat auf Ihre Suchanfrage *server not found* auf dem Bildschirm erscheint. Webseiten werden laufend aktualisiert, verändert und verlegt. Die auf ihnen gespeicherten Informationen sind daher zwar theoretisch stabil, aber in der Praxis nicht ohne weiteres leicht wiederzufinden. In drei untersuchten prominenten naturwissenschaftlichen Zeitschriften auf dem Netz waren 27 Monate nach ihrem Erscheinen 13 Prozent der dort zur Verfügung gestellten weiterführenden Links bereits wieder ungültig. Bei den historischen Fachzeitschriften *Journal of American History* und im *American Historical Journal* war nach sieben Jahren jeder fünfte Link nicht mehr unter der ursprünglich angegebenen Adresse abrufbar. Dabei geht es hier um offizielle Webseiten von traditionellen Wissensproduzenten, von Universitäten und renommierten Zeitschriften und Verlagen. In anderen Bereichen ist die Fluktuation noch sehr viel höher.[6] Verglichen mit elektronischen Publikationen ist das Medium Buch also zwar träge, aber haltbar.

Dazu kommt ein zweiter Aspekt, und der betrifft die Konsumenten dieser Medien. Ebenso wie beim Ende der 1970er Jahre entstandenen Personalcomputer wurden die technischen, sozialen und politischen Möglichkeiten des Internets von den 1990er Jahren an mit dezidiert utopischem Vokabular beschrieben, als zukünftiger kreativer Freiraum emanzipierter gleichberechtigter Nutzer und kulturelle Revolution schlechthin. Die Slogans waren nicht ganz so neu wie die Technologie; sie waren Versatzstücke zwanzig Jahre älterer Protestkulturen. Das Internet sei voll von Gespenstern der enttäuschten Hoffnungen der Gegenkultur der 1960er Jahre, hat ein sarkastischer britischer Publizist schon 1998 geschrieben. Das Verhältnis zwischen solchen idealistischen Visionen, luftigem Hippie-Kitsch und der faktischen Durchsetzung kommerzieller Monopole in den digitalen Welten (zuerst Microsoft, dann Apple, Amazon und *Don't Be Evil*-Google) ist weiterhin ungeklärt. Die Monopole haben die Netzpropheten bislang deutlich viel weniger beschäftigt als der jeweils für die unmittelbare Zukunft anstehende nächste technische Durchbruch, der dann den Triumph egalitärer Ideale sichern würde.[7] Reden wir also lieber nicht von den zukünftigen Möglichkeiten digitaler Kommunikationsnetze, sondern von ihren heutigen Bedingungen.

Im Gegensatz zu Servern, Routern und anderen Computern sind ihre menschlichen Benutzer ziemlich klaren Beschränkungen unterworfen, was den maximalen Input und die Verarbeitung von Informationen angeht. Jeder Mensch kann in seinem Leben zwischen 3000 und 5000 Bücher lesen, hat Arno Schmidt ausgerechnet.[8] Das ist zwar schon ein bisschen länger her, 1961, aber die Zahl ist im Zeitalter der digitalen Aufmerksamkeitsindustrien nicht größer geworden. Diese *bit rate* lässt sich nicht beschleunigen.

Mit den schier endlosen Datenmengen, die das Netz zur Verfügung stellt, wird es immer wichtiger, zu wissen, wo und wie man sich die richtigen Informationen beschafft, die einem bei der Auswahl helfen, also Wissen zweiter Ordnung.

Das Internet hat die Informationsmöglichkeiten seiner Benutzer in unglaublichem Umfang vermehrt; nicht aber die Zeit, die ihnen dafür zur Verfügung steht. Im Gegenteil: Für die Informationen, die man sich – beinahe kostenlos – aus dem Netz holt, bezahlt man als Benutzer in genau dieser Währung, mit der eigenen Zeit. Wenn ein Ort eine soziale Konstellation ist, eine Verbindung von Menschen, die dort miteinander kommunizieren, interagieren und sich gewissermaßen miteinander verhängen, dann produziert das Internet eine unerschöpfliche Fülle solcher Orte, und etwas anderes heißt das englische *website* auch nicht. Das Netz funktioniert dabei wie eine überoptimale Prothese. Jeder dieser Netz-Orte sucht durch verlockende Informationen möglichst viele Benutzer anzuziehen. Jeder vermittelt durch seine Verbindungen und Links zu anderen aber gleichzeitig, dass es nie reiche, an einem Ort (nämlich an diesem hier, jetzt) zu sein. Websites sind deswegen so faszinierend, weil sie sozusagen defizienzerzeugende Quellen von Wissen sind. Die Fülle an Informationen, die sie bieten, ist immer gekoppelt mit Ungenügen und einem Mangel, den ihre Benutzer angesichts der Nähe und leichten Verfügbarkeit vieler weiterer solcher Informationsquellen – »nur einen Mausklick entfernt« – umso drängender empfinden.[9] Die endlose vernetzte Fülle des Internets schluckt deshalb genau die Ressource, die für ihre Nutzung genau so unentbehrlich ist wie Batteriestrom und Übertragungsgeschwindigkeit: Zeit. »Zeitvernichter« nennt sich der anonyme deutsche Betreiber einer Website für den illegalen Download von Filmen und Büchern in einem Interview im Herbst 2010. Das ist klarsichtig, selbstironisch und irgendwie wehmütig.[10]

Ein gedrucktes Buch dagegen – und nur ein gedrucktes Buch – erlegt seinem Produzenten ebenso wie seinen Benutzern relativ rigide Beschränkungen auf. Die kommen aber seinem Inhalt und dessen Konsumierbarkeit zu Gute. Im Gegensatz zu Dateien in digitaler Form können auf Papier gedruckte Texte nicht beliebig umfangreich sein. Und das ist gut so. Sie sind gewöhnlich dafür geschrieben, in einer bestimmten Reihenfolge gelesen zu werden, und zwar von vorne nach hinten. Das heißt, sie argumentieren sequentiell, auf ein Ergebnis hin.[11] Genau in diesen

Beschränkungen, scheint mir, liegen die Stärken des Textbehälters Buch. Und die Möglichkeiten, die es Ihnen als Autor & Autorin bietet.

Denn durch das Netz wird das, was nicht mit fünf Mausklicks zu haben ist, zur kostbaren Ressource: mittelfristig haltbare Information, Distanz, Hintergrund, Kontext. Ein Buch eröffnet Ihnen die Gelegenheit, Ihre Leser in einen relativ ruhigen und abgeschlossenen Raum zu entführen. In ihm können Sie selbst die Darstellungsmittel und die Verweise auf andere Informationsspeicher – Bilder, aber vor allem andere Texte und andere Bücher – in relativ großem Umfang kontrollieren. In diesem Raum gibt es keine flackernden Werbebanner, keine aufpoppenden Meldungen (»Sie haben eine neue Nachricht!«) und keine weiterführenden Links. Er ist das Versprechen auf Konzentration und gezielte Aufmerksamkeit.[12] Diesen Raum können Sie haben und mit Ihren eigenen Inhalten, Funden, Ideen und Argumenten füllen. Das müssen Sie aber auch wollen.

Ein bisschen Feldforschung

Die Teilnehmer der Marbacher Schreibwerkstatt im Sommer 2009 hatten vom Schreiben in der Wissenschaft beharrlich als einem Prozess gesprochen, der von Autorin & Autor nicht vollständig kontrollierbar sei. Ein eigenes handelndes Personalpronomen bekam er auch: »Es«. »Wenn es gut voran geht«. »Wenn es gerade nicht so läuft«. Niemand sprach vom Schreiben als von etwas, was er oder sie, als Person mit Bleistift und Computer, selbst könne oder nicht könne. Schreiben erschien in diesen Wortmeldungen als eine abstrakte, aber ungemein machtvolle Instanz, eine Zaubermacht. Diesem »Es« wurde die Fähigkeit zugeschrieben, die Autorin und den Autor in eine neue, andere, autorisiertere Person zu transformieren. Und damit haben die Doktoranden auch recht. Denn akademische Qualifikationsschriften tun ja genau das: Sie verwandeln ihren Autor und ihre Autorin in jemand anderes. Offenbar soll das von selber gehen. Aber wodurch genau? Alle Teilnehmer der Schreibwerkstatt meinten schließlich, dass es – das Schreiben natürlich – eine ungemein persönliche Sache sei; und noch persönlicher seien ihre eigenen Mühen damit. Kein einziger der ernsthaften jungen Leute sprach in den zwei Tagen, die wir der Sache widmeten, von den eigenen Lesern, die sie sich für ihre Texte erhofften. Ist das einfach ein Zeichen von Bescheidenheit?

1. W wie Wissenschaft

Lassen wir das einmal offen. Über wissenschaftliches Schreiben wird in zwei Registern verhandelt; beide stehen zum Persönlichen in einer gewissen Spannung. In der ersten, positiven Spielart ist das wissenschaftliche Schreiben ein Thema für Sonntags- und Preisverleihungsdankesreden, die in Akademien, Forschungsinstituten und zu Universitätsjubiläen gehalten werden. Da wird dann von »Gelehrsamkeit« und »frappanter Kombinationsgabe« gesprochen, von »orchesterartiger Vielstimmigkeit« und »theoriegeleiteter Sensibilität für Ungesagtes«; oder auch von der »Sprache als Verkörperung des Denkens«, in der »Widerstände, Unsicherheiten und Vorläufigkeiten sichtbar blieben«.[13] Die Beispiele sind eher willkürlich gewählt und ließen sich leicht vermehren. Gesprochen bzw. geschrieben wird in solchen Texten über das wissenschaftliche Schreiben jedenfalls sehr elegant, wortgewaltig und unterhaltsam – und auf so maximaler Flughöhe wie möglich, unter Anrufung eines kollektiven »Wir«. Dieses Wir ist ziemlich geräumig. In vielen Texten zur Wissenschaftssprache ist es so elastisch, dass es ohne weiteres Gustave Flaubert, Sigmund Freud, deren Leser und den jeweiligen Sprecher und sein Publikum gleichzeitig enthalten kann. Es umfasst sehr unterschiedliche Autoren in sozusagen allen Disziplinen, mit Berufung auf große Vorbilder in der Vergangenheit und globale Herausforderungen in der Gegenwart. Das ist eine ziemlich großzügig konzipierte Gelehrtenrepublik. Sie entsteht als imaginierte Gemeinschaft; dadurch, dass jemand sie sich vorstellt.

Das zweite Register ist negativ. Es wird um einiges häufiger, aber diskreter gebraucht. Es erscheint nicht in Fest- und Preisreden, sondern im Alltagsgeschäft, in akademischen Gutachten und Stellungnahmen. Diese Diskurse werden gewöhnlich nicht publiziert, auch wenn sie manchmal in Form von Buchbesprechungen in Fachzeitschriften auftauchen. Dieses negative Register ist weniger elegant und auch nicht so unterhaltsam, aber sehr viel deutlicher. Ein Text sei »sperrig«, heißt es darin etwa; »vertrackt«, »umständlich«. Gelegentlich wird ein Kollege noch expliziter: »Unverständlich«. Dieses negative Register hat auch ein »Wir«, aber das umfasst nur die eigene engere Fachdisziplin. Wenn ein Text als »fachfremd«, »modisch« oder »populär« qualifiziert wird, dann heißt das, dass er für die eigene Disziplin nicht zählt und auch nicht auf wohlwollende Leser rechnen darf. Auch »anbiedernd« ist in diesem Zusammenhang ein ziemlich böses Urteil. Die Mühe, die sich der Autor gegeben hat, wird als Argument gegen ihn verwendet. Das mag auf den Autor eines solchen Kommentars nicht das beste Licht werfen, aber es funktioniert fast immer.

Die naheliegende Frage – was macht eigentlich einen Text wissenschaftlich? – muss diese beiden Kategorien zusammenbringen. Hier die positive universale Wissenschaft mit großem W wie »Wir«, dort die partikulare, besondere, unverwechselbare Fachdisziplin als Garant wissenschaftlicher Brauchbarkeit. Für »die« Wissenschaft als ganz großes Allgemeines, das vom Gilgamesch-Epos bis zu den Nanoteilchen und der String-Theorie alles enthält, interessiert sich allerdings niemand; die Kategorie ist einfach zu groß. Worin liegt aber dann die Wissenschaftlichkeit eines Texts? Die besteht erst einmal darin, dass sein Autor Informationen präsentiert, die vorher noch nicht verfügbar waren; dass er oder sie also etwas Neues erzählt. Autor & Autorin müssen aber noch mehr tun, nämlich diese

Neuigkeiten in die Kategorien bereits existierenden Wissens einordnen. Sie müssen all das interessante neue Zeug, das sie anzubieten haben, buchstäblich formatieren – wir kennen das von unseren Computern. Sie müssen es in eine bestimmte Form bringen, damit es für Erschließungs- und Vervielfältigungsinstitutionen von Wissen wie die Universität und ihre Unterabteilungen verdaulich und verarbeitbar wird.

Das alles leistet das wissenschaftliche Schreiben. Es muss aber noch mehr Aufgaben übernehmen. Es muss die Neuigkeit nachprüfbar machen, also auf die Frage »Woher kommt das?« antworten. (Denn dazu sind Fußnoten, Bibliografien usw. erfunden worden.) Und schließlich ist ein Text dann wissenschaftlich, wenn er ausreichend Informationen darüber liefert, was man damit anfangen kann; wenn er also die Frage beantwortet: »Wohin gehört das?« Wissenschaftlichkeit ist sowohl ein »was« (etwas, das vorher noch keiner wusste) als auch ein »wie« – eine Information, die erst an ihrem richtigen Platz wirksam werden kann.

Wissenschaftlichkeit erkennt man also nicht nur daran, dass der Wissenschaftler neue Informationen produziert, die es vor seiner Arbeit nicht gab und mit denen andere weiterarbeiten können. Wissenschaftliche Arbeiten beruhen außerdem darauf, das Objekt der eigenen Recherche klar zu begrenzen; also sagen zu können, was *nicht* dazu gehört. Das ist grundlegend, wird aber leicht übersehen. Wenn Wissenschaftler über ihre eigene Arbeit Auskunft geben, geschieht das oft im Predigtton. Der ist eine Hinterlassenschaft ihrer Vorfahren aus den theologischen Fakultäten des 18. und 19. Jahrhunderts. Wahrscheinlich ist das auch nicht weiter schlimm, aber es ist irreführend und wird leicht zu einer Art Soße, die es schwer macht, zwischen Haupt- und Nebensachen, Neuem und Beigemüse zu unterscheiden.[14] Ein wissenschaftlicher Autor ist jemand, der Angaben darüber macht, wovon sein Text nicht handelt, und wovon er selbst nichts weiß. Sonst ist er keiner.

2. Territorien, Grenzen, Titel

Deswegen handeln Doktorarbeiten eben nicht nur von dem, was sie so sorgfältig erforschen, also zum Beispiel von einem bestimmten Aspekt der Geschichte des 14., 17. oder 19. Jahrhunderts, um mein eigenes Fach zu nehmen. Sondern gleichzeitig immer von der jeweiligen Fachdisziplin, in die sie sich buchstäblich einschreiben: Denn das neue Material muss dafür erst einmal kompatibel und verdaulich gemacht werden.

Doktorandinnen und Doktoranden erkunden deswegen außer ihrem eigenen Thema immer auch die Sprachspiele und den Kategorienapparat ihrer eigenen Disziplin, in die sie ihren eigenen Text einpassen wollen. Das ist ziemlich viel Arbeit, aber die müssen sie leisten; sonst wird ihnen ihr Fleiß und ihre viele Arbeit nicht viel nützen. Wenn es um wissenschaftliches Schreiben geht, reicht es daher nicht, nur über Grammatik, Textgestaltung, saubere Gliederungen und ordentliche Anmerkungsapparate und Bibliografien zu reden.

Das bringt uns zu jener Organisationsform zurück, von der oben schon die Rede war, zu den Disziplinen. »Die« Wissenschaft in der Einzahl gibt es nur in Sonntagsreden. In Wirklichkeit gibt es nicht eine, sondern mehrere unterschiedliche Wissenschaften und wissenschaftliche Methoden. Die schließen einander auch nicht aus, sondern bestehen gewöhnlich durchaus produktiv nebeneinander und entwickeln in ihrem Feld jeweils eigene Prozeduren der Wissensgewinnung und -überprüfung. Das ist hier gar nicht polemisch gemeint, sondern das schlichte und in vielen Zusammenfassungen wiederholte Ergebnis der Wissenschaftsforschung der letzten beiden Jahrzehnte. Die Selbstdarstellung wissenschaftlicher Forschung, so zeigen diese Arbeiten, ist hochstilisiert. Sie ist das Ergebnis der Weiterentwicklung von rhetorischen Formeln, die aus dem 16. und 17. Jahrhundert stammen und ziemlich gründlich abgekoppelt sind von dem, was Forscher tatsächlich tun, und wie sie das anstellen.

Die Beschreibung der tatsächlichen Arbeit eines Wissenschaftlers spielt deswegen in der Publikation seiner Ergebnisse nur eine minimale Rolle. Im Gegensatz zu ihrem eigenen, sorgfältig gepflegten Selbstbild ist Wissenschaft weder universell noch für alle Interessierten zugänglich. Der Zugang zu ihr ist strikt geregelt: Verschiedene Arten der Ausbildung funktionieren dabei ebenso als Filter wie die Zugehörigkeit zu informellen Netzwerken, die Zulassung durch institutionelle Zugangskontrolleure, interne Konkurrenz, Reputation, und Finanzierung. All das ist stillschweigendes Wissen, das gewöhnlich nicht explizit thematisiert wird, aber den Bereich Wissenschaft gegenüber unerwünschten Konkurrenten von außen abschirmt. Die akademische Wissenschaft besitzt Reputation nicht obwohl, sondern weil sie vermeintlich unpraktisch ist.

Wissenschaft ist auch nicht das Gegenteil von Bürokratie, wie viele Hochschullehrer meinen, sondern buchstäblich durch Bürokratie hervorgebracht und organisiert, und zwar seit ziemlich langer Zeit. Definiert wird das Feld der Wissenschaft von jenen beiden Bereichen, von denen es sich per Definition maximal unterscheiden und abgrenzen muss: Von Ökonomie auf der einen Seite, also vom Bereich der privaten Profitorientierung, und von Militär und Polizei auf der anderen, also von den pragmatischen (und amoralischen) Gewaltapparaten des Staates. Natürlich ist in der Wirklichkeit die Arbeit von akademischen Wissenschaftlern beiden Bereichen sehr eng verbunden gewesen und weiterhin verbunden.[15] Mit dem akademischen Selbstbild ist das aber in den Geistes- und Kulturwissenschaften nicht vereinbar. Wissenschaft ist dort gespielte Autonomie. Sie hat sich ein so machtvolles Über-Ich von Objektivität und Wertfreiheit zugelegt, dass sie ihre erfolgreichen Anpassungsleistungen zum Verschwinden bringen muss, um als sie selbst auftreten zu können. Das ist nicht einfach *mauvais foi*, sondern unmittelbar wirklichkeitserzeugend. Das Akademische beharrt darauf, dass es in seinen Erscheinungsformen und Wirkungen in keiner anderen Sprache beschrieben werden könne als in seiner eigenen; kurz: dass es nicht von außen beurteilbar sei.

Die Resultate wissenschaftlicher Debatten über den Status bestimmter Fakten oder Theorien werden deshalb gewöhnlich auch nicht davon bestimmt, ob einzelne Ergebnisse den Wahrheitsanspruch dieser

Theorien unzweifelhaft bestätigt oder falsifiziert haben. Eine solche Debatte wird vielmehr durch den Konsens beendet, dass bestimmte Fakten und/oder Theorien für die Praktiker, die nach den disziplinären Regeln an der Debatte teilnehmen können, brauchbarer sind als andere. Die Auswahl besonders vordringlicher Forschungsprobleme und Forschungsfelder ist kein neutraler Prozess, sondern geschieht stets in Hinblick auf zur Verfügung stehende finanzielle und institutionelle Ressourcen und Geldgeber. Wissenschaft wird durch Institutionen legitimiert. Was und wer als Wissenschaft mit großem W auftreten kann, ist immer auch davon beeinflusst, in welchem Ausmaß öffentliche oder private Geldmittel dafür mobilisiert werden können.

Anders gesagt: Wissenschaftliche Institutionen sind ziemlich effiziente Verknappungsagenturen, und sie müssen es auch sein. Sie waren es auch schon im 19. Jahrhundert. Die rasante Modernisierung und Expansion der Universitäten als Forschungs- und Ausbildungsinstitutionen in Deutschland zwischen 1820 und dem Ersten Weltkrieg zum Beispiel hat nicht einfach alle Disziplinen gleichmäßig wachsen und sprießen lassen. Vielmehr war sie das Ergebnis einer Selektion; einer Auswahl einiger weniger, aber dafür mit besonderer Reputation ausgestatteter Felder, die für sich in Anspruch nehmen konnten, exakter und eben »wissenschaftlicher« zu sein als andere – für die Philologien gilt das ebenso wie für Geschichtswissenschaft.[16] Jedes wissensorganisierende System beruht auf dem Ausschluss bestimmter Klassen von Materialien, sonst kollabiert es. Ordentliche wissenschaftliche Autorität und Übersicht wird erst durch Reduktion von Information möglich.

3. Dr. phil. historisch

Wieso ist das für Doktorandinnen und Doktoranden wichtig? Weil diese moderne Form der Wissenschaftsorganisation ohne die Dissertation nicht denkbar ist. Und dafür brauchen wir jetzt doch einen kleinen Ausflug in die Geschichte. Denn die Universitäten reden zwar gerne von ihrer jahrhundertealten Tradition, aber sie reden gewöhnlich sehr viel weniger gerne davon, woraus diese Tradition eigentlich bestanden hat.[17] Das hat einen guten Grund. Zwischen dem 15. und dem 18. Jahrhundert waren die deutschsprachigen Universitäten intellektuell nicht allzu produktiv, um es vorsichtig auszudrücken. Von wenigen Ausnahmen abgesehen waren die Protagonisten der wissenschaftlichen Revolutionen der Frühen Neuzeit anderswo tätig, an Höfen und fürstlichen Akademien. Die Universitäten waren in dogmatischer Gelehrsamkeit erstarrt. Korrupt waren sie ebenfalls; bestechliche Prüfer waren an der Tagesordnung. Die verbreitete Praxis, dass Professoren ihre Lehrstühle innerhalb ihrer Familie oder praktischerweise gleich an ihre Söhne weitergaben, hat den Ruf der Institutionen auch nicht gerade verbessert. An der Universität Basel gab es 1666 angeblich nur einen einzigen Professor, der nicht mit allen anderen verwandt war. Heidelberg bestätigte noch 1767, Professorensöhne, sofern ausreichend qualifiziert, könnten selbstverständlich den väterlichen Lehrstuhl erben.

In gewisser Weise war das logisch, denn es gehörte nicht zu den Aufgaben eines Universitätslehrers, etwas Neues zu erzählen – im Gegenteil. Die Verfassung der Universitäten war abgeleitet von monastischen Organisationsformen. Charisma war dabei unverzichtbar, steckte aber im Verständnis der Universitätsangehörigen vor allem in Lehrstühlen und Titeln, Amtskleidern und Ritualen. Im 17. Jahrhundert musste an der Universität Salamanca jeder frisch Promovierte in der Corrida einen Stier, den *paseo doctoral*, töten und mit dessen Blut seinen eigenen Namen auf eine Hauswand schreiben; erst dann wurde ihm die volle Anerkennung des Titels zuteil. Zugegeben, das ist ein etwas extremes Beispiel. Aber auch in Deutschland war der Doktorhut eine sakral aufgeladene Insignie und wurde seinem Träger mit ins Grab gelegt. Die *doctores* der verschiedenen Fakultäten fochten erbitterte Kämpfe um Standesabzeichen, Sitzordnungen und Prozessionshierarchien aus. Dissertationen mussten auf lateinisch abgefasst sein und trugen so schöne Titel wie »Über die Gründe, warum nicht wenige Gelehrte nichts ans Licht bringen« (Rinteln, 1702) oder »Über Gelehrte, die durch übermäßiges Studieren ihr Ableben beschleunigt haben, Teil 1« (Leipzig, 1704). Sie widmeten sich hemmungslos dem akademischen Betrieb und feierten eindrucksvolle und amüsante, aber unnütze Erudition.

Angesichts schrumpfender Ressourcen, Titelinflation und des Verlusts sozialer Vorrechte im 17. und 18. Jahrhundert setzten die Universitäten auf immer steilere interne Rangordnungen und verwandelten sich in bizarre Theaterstaaten. Die Aufklärer des 18. Jahrhunderts klagten über das »unerträgliche deutsche Umgangszeremoniell an den Universitäten, welches uns schon oft zum Gespött der Ausländer gemacht hat«, und im Lauf des Jahrhunderts wurde die Kritik an den verkrusteten und unproduktiven Universitäten immer lauter. Lessing zeichnete 1747 in seiner Erzählung »Der junge Gelehrte« ein bitterböses Bild dieser Institutionen. Ein preußischer Ministerialbeamter wurde in einer Denkschrift 1789 noch ein bisschen deutlicher. »Gebt den Akademikern statt Geld pompöse Titel«, schrieb er, »und sie werden zufrieden sein«. Am Beginn des 19. Jahrhunderts wurden zahlreiche ehrwürdige deutsche Universitäten mit mehrhundertjähriger Geschichte geschlossen, die meisten davon für immer – nicht trotz, sondern gerade wegen ihrer Tradition.

Denn das neue preußische Modell der Forschungsuniversität Humboldt'scher Prägung wollte mit seinen Vorläufern ausdrücklich nichts zu tun haben. Gelehrte sollten nicht mehr länger altehrwürdiges Wissen auslegen, sondern neues erzeugen; der dozierende Professor sollte zum Autor werden. Schriftlichkeit bedeutete Nachprüfbarkeit: Das ältere System geschlossener Zirkel von Nepotismus (und Korruption) machte der bürokratischen Kontrolle des Unterrichts und seiner Inhalte Platz, denn die neuen Universitäten sollten schließlich möglichst breit einsetzbare Staatsdiener ausbilden. Das war die Geburtsstunde der modernen Dissertation. Die Inflation akademischer Titel im 17. und 18. Jahrhundert hatte die älteren Baccalaurei und Magistri entwertet. Die renommierten Doktortitel gab es nur in Medizin, Theologie und Jurisprudenz, aber nicht in der philosophischen Fakultät. Noch am Ende des 18. Jahrhunderts wurde der Träger eines »Doctor philosophiae« als Hochstapler angezeigt. Nach 1810 erlebte genau dieser Titel an den deutschen Universitäten eine erstaunliche Wiedergeburt. Sie war aber an eine neue Form der akademischen Selbstdarstellung gebunden. Ziel war nicht mehr das Recycling traditionellen Wissens, sondern die Produktion neuer Informationen als Autor und selbstständiger Forscher. Im Gegensatz zu den älteren Doktortiteln, die ihren Trägern eine quasi adelsgleiche Stellung verliehen, machte der neue Dr. phil seinen Träger nicht mehr zur rechtlich besonders privilegierten Person, sondern war der Nachweis seiner Tauglichkeit – anders gesagt, seiner Normalität – als zukünftiger Staatsdiener. Der neue Doktor preußischen Stils musste forschen und es auch schriftlich nachweisen.

Denn so definierte die neue universitäre Organisationsform Seminar die Aufgabe von Wissenschaft: Forschungsprobleme definieren – und ihre Lösung der Öffentlichkeit als Dissertation präsentieren. In den Seminaren wurden deshalb ganz spezifische Formen schreiberischen Charismas trainiert. Der Gelehrte sollte zum überzeugenden Autor für eine gebildete (und bürokratisch kontrollierte) Öffentlichkeit werden. Der Professor als Seminarleiter erhielt so die Chance, zum Wissenschaftsfürsten aufzusteigen, dessen Arbeiten ein ganzes Forschungsfeld prägten, wenn nicht sogar eine ganze Disziplin. Seine Doktoranden sollten ihrem Lehrer in Bezug auf intellektuelle Interessen und Forschungsstil ähneln, mussten aber gleichzeitig einzigartig und unverwechselbar sein, wenn sie sich selbst als zukünftige Meister durchsetzen wollten – wenn auch auf zunehmend enger definierten und immer weiter spezialisierten Feldern. Aus ihnen sind die modernen Fachdisziplinen entstanden.

4. Willkommen in der Reputationsgemeinschaft

Und damit wären wir aus unserer historischen Rückblende wieder in der Gegenwart angelangt. Wissenschaftliches Publizieren ist seither nicht eben einfach Schreiben, sondern Selbsteinschreibung in die Disziplinen als Reputationssysteme.[18] Eine abstrakte und universale Wissenschaft im Singular, von der in Sonntagsreden von der Wissenschaftssprache Deutsch so ausgiebig die Rede ist, gibt es nur in diesen Ansprachen – und nirgendwo anders. Denn draußen, in der freien Wildbahn außerhalb der Akademien und Wissenschaftskollegs, im Wald der deutschen Universitäten zwischen jungen Wölfinnen und alten Platzhirschen, existiert »die« Wissenschaft nicht. Dort gibt es nur Fächer. Und die sind nicht universal, sondern spezifisch. Es sind sorgfältig definierte und voneinander abgetrennte Territorien des Wissens, die auf Spezialisierung beruhen. Denn nur Spezialisierung ermöglicht die Formulierung von Kriterien, die es den Beteiligten erlaubt, aus der Überfülle an Informationen die wichtigen und entscheidenden auszuwählen. Wieso diesen Film, diesen Roman, dieses historische Ereignis untersuchen? Wieso diesen Autor? Wieso nicht seine Vorläufer? Wieso nicht seine Wirkungsgeschichte?

Für Disziplinen als Reputationsorganisationen sind neue Forschungsergebnisse allerdings stets Zumutung, wie der britische Wissenschaftssoziologe Richard Whitley etwas süffisant formuliert hat. Denn jede solche Forschung bringt von außen neue Informationen ins Innere dieser disziplinären Gemeinschaft, und dort erzeugt die neue Empirie zwangsläufig Unsicherheit über Hierarchie und Status. Wie wichtig ist das neue Zeug eigentlich? Wo kann es eingeordnet werden?

Wissenschaftliche Disziplinen kontrollieren dieses Problem, indem sie stillschweigend einen Komplex zentraler Fragen festlegen, in dem – und zwar nur dort – dem Selbstverständnis der disziplinären Gemeinschaft zufolge der eigentlich relevante wissenschaftliche Fortschritt stattfindet. So streng diese Disziplinen in ihrer Selbstdarstellung auf ihren jeweiligen Eigenarten und »Traditionen« beharren mögen, gesteuert werden sie nicht durch explizite Definitionen ihrer Aufgaben, sondern durch eine Art flexibler Selektion: Das in ihnen jeweils bearbeitete Wissen muss reduziert werden, aber dabei hoch komplex und ständig neu organisierbar bleiben. Für gewöhnlich übernehmen im Inneren der Fächer bestimmte Theorien diese Funktion. Sie dienen natürlich dazu, etwas besser oder genauer zu erklären. Aber der Gebrauch, der von ihnen gemacht wird, geht darüber noch weit hinaus. Gleichzeitig werden Theorien dazu verwendet, unpassende Informationen schneller aussortieren zu können, und zwar unabhängig von deren empirischen Wirklichkeitsgehalt. Sie sind gewissermaßen Filter gegen Unpassendes.

Dieselben Funktionen können aber auch kanonische Texte und klassische Autoritäten des Faches übernehmen. Einige der Merkmale der traditionellen Universitätsverfassung sind nämlich auch im 21. Jahrhundert nicht vollständig verschwunden. Gerade um den Anforderungen der Gegenwart und den drängenden Problemen der Zukunft überhaupt gerecht werden zu können, so lautet dann die fachoffizielle Begründung, sei die erneute Lektüre und die vertiefte Auseinandersetzung mit den grundlegenden Texten und analytischen Begriffen notwendiger denn je. Die so entstehenden akademischen Texte lassen sich auch als Informationspansen beschreiben. In ihnen werden bereits gewonnene und hinuntergeschluckte Wissensbestände beharrlich wiedergekäut. Die Konzentration auf einige wenige, relativ überschaubare Autoren und deren Bücher funktioniert dabei als gemeinsamer Nenner, mit denen sich ein Kollektiv – eine Fachgemeinschaft – konstituieren und erfolgreich nach außen abgrenzen lässt. Die Wirkung dieser Texte beruht unter anderem darauf, dass sie mit hoch abstrakten Fragen nach »Funktionen«, »Entstehung«, »Wirkung« und »Bedeutung« verknüpft werden, die sich nie vollständig beantworten lassen werden.[19]

Das Verkünden solcher Programme erzeugt starke Positionen, in denen sich wissenschaftliche Autorität aus der Bewertung der Arbeit anderer Leute gewinnen lässt. Sowohl die Berufung auf allgemein akzeptierte Theorien wie der Verweis auf traditionelle Autoritäten erlaubt es, bestimmte Fragen als die »wichtigeren« oder »eigentlich relevanten« auszuwählen. Fragen nach anderen Dingen sind zwar erlaubt, bringen aber demjenigen, der sie stellt, keine zusätzliche Reputation ein. Im Gegenteil, sie können sein Ansehen sogar gefährden, weil sie ja von den wichtigen theoretischen »Kern«-Fragen des Fachs ablenken oder sogar davon wegführen. Es ist leicht einsehbar, dass Überraschungen dabei wenig goutiert werden: Es ist die Voraussehbarkeit eines Forschungsgegenstands und der für seine Bearbeitung gewählten Methoden, die als Zugehörigkeitsmerkmal dient. Jede Disziplin sortiert stillschweigend, aber ziemlich rigide zwischen denjenigen analytischen Fähigkeiten, die sich an den richtigen Gegenständen zeigen und Reputation einbringen, und illegitimen Fragen, die demjenigen, der sie aufwirft, keinen Zuwachs, sondern Verlust an Reputation eintragen.

Vertrackterweise ist nun Reputation gemessen an den offiziellen Zielen von Wissenschaft eines von eher fragwürdiger Legitimität. Wer sich allzu freimütig auf sie beruft und vom Lehrstuhl herab behauptet (oder schreibt), »meine Reputation im Fach erlaubt mir, dieses oder jenes zu tun«, der fügt ihr möglicherweise böse Kratzer zu. Das zwingt alle Mitglieder der Disziplin zu kommunikativer Vorsicht, wie Niklas Luhmann es in einem immer noch lesenswerten Aufsatz aus den 1960er Jahren höflich genannt hat. »Hohe Unsicherheit ist die Folge«, ergänzt er, »die besonders jüngere Wissenschaftler bedrückt«. Deshalb werden Arbeiten in Gebieten ohne Reputationschancen von besorgten Doktorvätern und -müttern entmutigt. Denn gedruckt zu werden ist auch im Zeitalter der Sammelbände und Mailing-Listen weiterhin das symbolische Äquivalent dafür, eine wichtige Entdeckung gemacht zu haben. Und ironischerweise insbesondere dann, wenn zu dieser »Kernfrage« der eigenen Disziplin schon ziemlich viele Arbeiten vorliegen.

Deswegen muss im Zusammenhang mit den bewährten Traditionen eines Faches aus der Vergangenheit immer so energisch und unübersehbar auf »das Neue« hingewiesen werden, das die Fachdisziplin jetzt zur Verfügung stelle, auf komplett neue, noch nie dagewesene, noch nie zuvor sichtbare Funde und Erkenntnisse. Wissenschaftliche Disziplinen sind libidinös organisiert: Jedes dieser Wissensfelder konstituiert sich, indem es sich als abgegrenzt imaginiert, definiert durch eine *summa* von Wissen, die es eben noch nicht besitze.[20] Sie wird deshalb in Anträgen für Forschungsmittel unablässig neu heraufbeschworen, als Lücke und zukünftige Vollständigkeit in einem. Disziplinen verweisen in ihren Selbstdarstellungen deshalb auch gerne auf eine ganzheitlichere, ursprünglichere Einheit und Methodenhoheit, die sie früher besessen und jetzt verloren hätten und durch grundsätzliche Abstraktions- und Synthetisierungsleistungen in Zukunft unbedingt wiedergewinnen müssten. Disziplinen müssen sich zyklisch selbst wiedergebären und ihr altes Selbstbild durch ein emphatisch verkündetes neues ersetzen (das aber mit dem alten kompatibel ist). Das dabei verwendete Vokabular hat manchmal deutlich religiöse Untertöne.

Eine weitere Möglichkeit besteht darin, Forschungs- und Editionsprojekte zu starten, die hoch arbeitsteilig verfahren, also allen Beteiligten extreme Spezialisierung erlauben, und dabei so groß angelegt sind, dass sie nicht innerhalb eines (und manchmal mehrerer) Arbeitsleben abschließbar sind. Solche Projekte gab es schon im 19. Jahrhundert, und, vermehrt, ab der zweiten Hälfte des 20. Jahrhunderts. Sie ermöglichen den beteiligten Spezialistinnen und Spezialisten ein extrem dehnbares »Wir-sind-noch-nicht-am-Ziel«. Noch immer, so lauten dann die Fortsetzungsanträge, fehlten der Disziplin vollständige Informationen über die antiken Inschriften, über die Erscheinungsformen der Theatralität, die Codierung von Gefühlen und die kulturellen Grundlagen der Integration – und so fort, die Liste lässt sich leicht ergänzen. Diese Texte sind buchstäblich kostbare Wunder der akademischen Rhetorik. Sie versprechen die Gewinnung theoretisch unbegrenzt vermehrbarer neuer Informationen, die aber nach einem bereits vertrauten und offiziell bestätigten Begriffs- und Interpretationsraster beschreibbar und kategorisierbar sein werden; Neues, das die arbeitende Gemeinschaft der Gelehrten vor Veränderung beschützen wird. Beides befriedigt eine ganz spezifische disziplinäre Libido: den Wunsch nach Vertrautem, das aber als aufdatierte neue Version seiner selbst erscheinen kann und eben nicht als Wiederholung.

5. Disziplinäre Sprachspiele

Das sind natürlich alles relativ grobe Vereinfachungen. Denn nicht jede Fachdisziplin funktioniert als Reputationsgemeinschaft nach denselben Prinzipien. Der schon erwähnte Richard Whitley zum Beispiel entwirft eine ganze Reihe unterschiedlicher Typen von wissenschaftlichen Disziplinen. Sie reicht von solchen, die er polyzentrische Oligarchien nennt, strukturiert um wenige hochrenommierte Figuren, die das Feld kontrollieren und in intensiver Konkurrenz zueinander stehen (wie etwa in der Ökonomie, oder in bestimmten Sozialwissenschaften), über professionelle »Adhoc-kratien«, wie er sie nennt, mit standardisierten Problemen, aber verschiedenen, parallelen Forschungsfeldern, die nicht zueinander in Ressourcenkonkurrenz treten (Archäologie, Geschichte, Kunstgeschichte, die Philologien, vielleicht auch Philosophie), bis hin zu fragmentierten Adhoc-kratien, in denen verschiedene Forschungsfelder relativ unabhängig nebeneinander mit geringem Grad an gegenseitiger Abhängigkeit existieren (wie beispielsweise die Ethnologie oder die Literaturwissenschaft).[21]

Und damit wären wir wieder beim Schreiben und bei dem, was ernsthafte Doktorandinnen und Doktoranden darüber in Erfahrung bringen müssen. Denn je nach Fach ist der Spielraum für individuellen Stil unterschiedlich groß. In Disziplinen mit strikten Theoriehoheiten und intensiver Konkurrenz ist für individuelle Varianten im Sprachspiel wenig Platz. Hier muss »Klarheit« und »Stringenz« oder auch »Schärfe« oder »Härte«, je nach Geschmack und Testosteronspiegel der Beteiligten, betont und unüberlesbar herausgestellt werden. In fragmentierten und theoretisch wenig reglementierten Bereichen ist dagegen ein unverwechselbarer persönlicher Sound ein Vorteil; jedenfalls bis zu einem gewissen Punkt. Fachvertreter verurteilen für gewöhnlich mit umso größerer Schärfe »modische« und »feuilletonistische« Schreibstile, je stärker ihr Fach – sagen wir: Kunstgeschichte, Soziologie, Philosophie – tatsächlich im Feuilleton präsent ist und sie dem eine eigene Eigentlichkeit entgegenhalten möchten.

Bei der Beurteilung wissenschaftlicher Texte geht es nicht nur um die Verlässlichkeit der Methoden und die Brauchbarkeit der Inhalte, sondern um Abgrenzung gegenüber anderen Bereichen. Es geht um die Macht, fachspezifische Kriterien der Textqualität zu definieren und – noch wichtiger – ihre Anwendung zu kontrollieren; also Regeln darüber aufzustellen, wie die Regeln jeweils zu interpretieren sind. Die sehr erfolgreiche zweihundertjährige Wachstumsgeschichte der universitären Wissenschaft nur als Geschichte von Kategorien und Kollektiven ist freilich unvollständig. Denn der Planet Akademia ist narzisstisch konstituiert, könnte man sagen: Er ist der Ort, an dem niemand genügend Aufmerksamkeit bekommen haben wird. Deswegen die besondere Kombination von unstillbarem Hunger und Verstopfung, die viele ihrer Angehörigen auszeichnet.[22] Persönlich interpretiert – und es wird meist recht persönlich interpretiert – ist akademische Macht im eigentlichen Sinn die Macht, jemanden zu kränken. Und dazu wird immer derselbe Satz gebraucht: »Du gehörst eben doch nicht ganz dazu.«

Wenn Wissenschaftler sagen, dass ihnen schreiberische Eleganz verdächtig und dass sie nur »Oberfläche« oder »literarischer Effekt« sei, dann sagen diese abwertenden Ausdrücke vor allem etwas über diejenigen aus, die sie gebrauchen. Wer so spricht, nimmt unter Verweis auf stillschweigend vorausgesetzte, aber nicht erklärte fachinterne Kriterien von Wissenschaftlichkeit das Privileg in Anspruch, dass seine eigenen Texte – also diejenigen, die der Sprecher oder die Sprecherin selbst schreibt –, nicht nach ihrer Lesbarkeit beurteilt werden müssen. Oder dürfen. Soll heißen: Hier wird von einem Hochsitz gesprochen, der sagt, dass er gar kein individueller Hochsitz sei, sondern das große W der Wissenschaft, von dem weiter oben schon die Rede war. Nur ist dieses große W diesmal nicht als universelle Kategorie interpretiert, sondern als Freibrief zum Verbleib im eingefleischten Sprachspiel des eigenen Fachs. Man kann, muss das aber nicht überzeugend finden.

6. Magische Anrufungen

Noch einmal Marbach, Sommer 2009. Alles soweit in Ordnung, kam an dieser Stelle der Zwischenruf von den Teilnehmern der Schreibwerkstatt. Das glauben wir gerne, dass es früher schlimm gewesen sei mit den strikten Hierarchien und den Disziplinenzäunen, an denen bärbeißige Lehrstuhlinhaber entlangpatroullierten. Aber sei das heute, im Zeitalter der vernetzten

Forschung, die prozessorientiert stattfinde, interdisziplinär, multiperspektivisch, und wo alles mit allem zusammenhänge, jedenfalls wenn wir unseren eigenen Anträgen auf Forschungsmittel glauben dürfen, sei das nicht vorbei? Ein Schreckgespenst aus der düsteren alten Zeit?

Der Kollege und ich tauschten einen Blick. »Wie sagen wir's Ihnen?« Also: Interdisziplinarität. Multidisziplinarität. Methodenpluralismus. Natürlich – stimmt alles. Nur wird der Jargon davon nicht weniger. Er wird nur anders.

Die Literaturwissenschaftler Stephen Greenblatt und Catherine Gallagher haben in einem kleinen Abriss über ihre Arbeit als Mitherausgeber der in Berkeley erscheinenden und zeitweise sehr einflussreichen Zeitschrift *Representations* in den 1980er und 1990er Jahren ihre Erfahrungen mit Interdisziplinarität schön auf den Punkt gebracht. Wissenschaftliche Arbeiten, die sich selbst als interdisziplinär bezeichneten, schrieben sie, zeigten die deutliche Tendenz, zur Unterstützung des jeweils eigenen Arguments Positionen aus anderen Disziplinen anzuführen; und zwar auffallend häufig solche, die dort bereits als überholt galten. »Es war, als würden wir uns gegenseitig mit den abgelegten alten Kostümen der Anderen ausstaffieren, die bei ihnen selbst längst aus der Mode gekommen waren –

bis die ganze Runde in Gelächter ausbrach. Aber das Spektakel des Verkleidens war nicht nur grotesk. Viele der eigenen ehemals eleganten, aber jetzt verschlissenen Kleider sahen überraschend gut aus, wenn unsere Kollegen sie anzogen. Man hatte das merkwürdige Gefühl, Dinge, die einem früher selbst gehört hatten und die man weggeworfen hatte, auf einer Versteigerung wiederauftauchen zu sehen, wo sie hohe Preise erzielten.«[23]

Sind die unbestreitbarsten theoretischen Modelle also immer die der Nachbarwissenschaften, die man zusammen mit deren Autorität fertig übernehmen kann – wenigstens solange man der Erste ist, der sie verwendet? Greenblatt und Gallagher lassen etwas nicht ganz Unwichtiges weg. Wissenschaftliche Konzepte verändern sich natürlich bei einem Transfer von einem disziplinären Feld in ein anderes; sie werden kontaminiert, adaptiert und angereichert. Die beiden Literaturwissenschaftler machen mit ihrer Erzählung vor allem auf charmante Weise auf den Konkurrenzdruck aufmerksam, der im Konzept der Interdisziplinarität steckt. Es ist eine Art Jagd nach dem noch unbesetzten Dazwischen; nach dem freien Raum zwischen Institutionen, Ländern, Fachdisziplinen, eine Suche nach brauchbaren Begriffen, Modellen, Werkzeugen und Material, die elegante Erscheinung versprechen, aber von den eigenen Kollegen bislang noch nicht genutzt worden sind. Die Berufung auf Interdisziplinarität ist auch immer der Wunsch, der oder die Erste zu sein, der im neuen Outfit erscheint und die Überraschung und Neuheit des Importierten für die eigene Arbeit verwerten kann.

Aber wessen Möglichkeiten werden dadurch eigentlich erweitert? Der neue Raum, den Interdisziplinarität verspricht, kann gewöhnlich nur im Inneren der eigenen Disziplin genutzt werden. Wenn das auf renommierte und in ihrem Fach bereits mit Reputation ausgestattete Gelehrte zutrifft, dann gilt es umso mehr für Nachwuchswissenschaftlerinnen. Das interdisziplinäre große Dazwischen ist um einiges enger, als seine Verkünder gerne zugeben. Es ist außerdem, wie Greenblatt und Gallagher andeuten, zeitlich begrenzt. Seine Früchte sind mit einem *best before* versehen. Gerade Interdisziplinarität führt vor, dass stark gebrauchte Begriffe und Modelle ein Ablaufdatum haben.

Dazu kommt, dass die Rhetorik der Grenzüberschreitung für den Wissenschaftsbetrieb seit geraumer Zeit zum Normalfall geworden ist.[24] Wenn zum Beispiel Pornografie, Film und Computerspiele explizit in den Rahmen etwa der Literaturwissenschaften und der

Kunstgeschichte eingeführt werden, beides Disziplinen, die sich immerhin ein paar Jahrzehnte lang dadurch konstituiert haben, als ob es diese Gebiete als ernstzunehmende Felder nicht gäbe, dann ist das natürlich ein intellektueller Gewinn für die jeweiligen Fächer. Gleichzeitig ist es eine Chance auf Distinktion und Reputationsgewinn für diejenigen, die sich zutrauen, über jene Bilder und Genres zu arbeiten, die vorher als unpassend und vulgär galten. Das Neue muss freilich mit bereits bekannten Kategorien beschrieben und mit etablierten Methoden analysiert und etikettiert werden, um im Fach Anerkennung zu finden. Die neunte oder zwölfte Studie über, sagen wir: spanische Transvestiten im 17. Jahrhundert, oder über Amateurfotografie im Vietnamkrieg ist vielleicht besser als die zweite und die dritte, und sie ist sicher gründlicher dokumentiert, weil sie auf die Arbeit ihrer Vorgänger zurückgreifen konnte. Ihre Autorinnen & Autoren sind also rein wissenschaftlich in Sicherheit. Leider können sie sehr viel weniger Originalität und Neuigkeitswert für sich reklamieren als die erste, zweite oder dritte; und wenn, dann nur bei denen, die ihre Vorgängerstudien gelesen haben. Wie gehen ehrgeizige Nachwuchswissenschaftlerinnen mit diesem Paradox um, dass von ihnen inhaltlich Neues, ja: Bahnbrechendes eingefordert wird, das aber zu den seit langem bestehenden Kategorien ihrer Disziplin passt?

Die Lösung ist ziemlich einfach, wenigstens auf den ersten Blick: Man erhöht den Theorieanteil. Man verweist auf vielversprechende neue analytische Begriffe, die sich als komplexe Werkzeuge zur Beschreibung und Bewertung des eigenen Materials einsetzen lassen, die neue Perspektiven eröffnen, neue Aspekte sichtbar machen, vertraute Interpretationsmuster in Frage stellen – und so weiter. (Die Rhetorik der wissenschaftlichen Innovation ist davon geprägt, dass sie vertraute Metaphern verwenden muss; solche inbegriffen, die allen Beteiligten bis zum Überdruss vertraut sind.)[25] Gerade junge, neu entstandene Fächer wie Gender Studies, Kulturwissenschaften, Medienwissenschaften und Wissenschaftsforschung haben in den letzten zwanzig Jahren vorgeführt, wie rasch Forschungsfelder sich ihren jeweils eigenen Jargon zulegen und – wenn es schlecht läuft – in ihm erstarren wie in erkaltendem Aspik. »Manche Theorien«, hat der Medienwissenschaftler Geert Lovink in einem selbstkritischen Resümé über die Entwicklung seines Fachs geschrieben, »waren eine Zeitlang gleichauf mit aktuellen Entwicklungen. Auf wundersame Weise schienen sie die Belange aller anzusprechen. Man lese sie zwanzig Jahre später und sie sind tot.«[26]

Ein energisch gestartetes neues Fach mit starkem kritischen Impuls kann gegenüber traditionellen Disziplinen schnell Gebietsgewinne realisieren, die dann, mit theoretischen Leitbegriffen wie mit Hoheitszeichen markiert werden. »Hier beginnt unser Arbeitsgebiet!« Aber dieser neue Raum wird dann binnen relativ kurzer Zeit in fest umzäunte Territorien aufgeteilt, mit Bezirksverwaltungen versehen und mit Totempfählen befestigt. Auf ihnen prangen, um bei der Metapher zu bleiben, die Bilder der verehrten Ahnen als Schutzgottheiten. Es ist nicht ohne grimmige Komik, wie viele Sammelbände seit den 1990er Jahren unter der Fahne von Subversion, radikalem Denken und gesprengten Kategorien beflissene Normalwissenschaft zelebrieren, im Namen von Michel Foucault und Roland Barthes, Donna Haraway und Gilles Deleuze. Wahrscheinlich geht das nicht anders. Nur ist das natürlich, wie die Satirezeitschrift »Titanic« schon vor zwanzig Jahren gewusst hat, das Sid Vicious-Gymnasium.

Das erfolgreiche Herstellen von Wissenschaftlichkeit beruht darauf, dass akademische Disziplinen zwar sehr gerne über ihr eigenes methodisches Selbstverständnis Auskunft geben, aber die epistemischen und die institutionellen Prinzipien ihrer eigenen Organisation lieber nicht so genau betrachten. Reden über Methode ist vermutlich die Lieblingsdomäne wissenschaftlicher Identitätspolitik. Sie wird gerne als Propfen, als Verschluss benutzt, um über Institutionelles zu schweigen. Die unausgesprochenen, aber sehr wirksamen Regeln akademischen Schreibens ähneln deshalb manchmal religiösen Praktiken. Die Anrufung von Schutzgöttern findet sich darin ebenso wie das kollektive Wiederholen magischer Formeln. In der älteren Observanz war der wissenschaftliche Autor gehalten, die strengen Formen der eigenen Askese und seiner temporären Abkehr von der Welt als Kriterium für die eigene Leistung demonstrativ vorzuzeigen. In der neueren Spielart muss er versuchen, seine Glaubensbrüder und -schwestern von der Unmittelbarkeit, Direktheit und – am allerhärtesten – vergnügten Spontaneität seiner Schreibprozesse und ihrer Ergebnisse zu überzeugen.

Die in Marbach versammelten Nachwuchswissenschaftler wussten das natürlich; auch diejenigen, die sich nicht in die Feinheiten der wissenschaftssoziologischen Debatte eingelesen hatten. Schließlich hatten sie jahrelang in Oberseminaren und Lektürekursen die genaue Topografie ihrer jeweiligen Fachdisziplin erkundet, ihre Grenzmarkierungen und Binnenterritorien, ihre Schutzpatrone und Wallfahrtsorte, zwischen denen sie sich nun ihren eigenen Platz als Autorin & Autor schaffen möchten. Deswegen waren sie um ihre Schreibe so besorgt – zu Recht. Denn die eigene Dissertation ist nicht nur Vehikel der erfolgreichen Initiation ins jeweilige Fach, sondern auch der Ort wunderbarer Selbstveränderung vor Publikum: »Ich werde zu der Person, die diese brillante Analyse, diese bemerkenswerte Dissertation geschrieben hat.« Kein Wunder, dass die eigenen wissenschaftlichen Texte derart empfindliche Körperteile sind. Jeder Nachwuchswissenschaftler ist darauf angewiesen, seine wichtigen Neuigkeiten an die Fachkollegen zu bringen und seine aufregenden Funde mit der eigenen Person zu verknüpfen. Er möchte brauchbares Material bereitstellen, mit dem andere weiterarbeiten, aber dabei unverwechselbar werden und als eine distinguierte Stimme erkennbar sein. Dafür braucht es eine ganze Menge Feinabstimmung, nicht nur qua gewähltem Thema; sondern auch qua Theoriezugehörigkeit, oder, könnte man sagen, der Wahl des eigenen Sprachspiels bevorzugter Observanz, des Anrufens der richtigen Fragen und der mächtigen Schutzpatrone.

Diese Arbeit kann keine Schreibwerkstatt und kein Lehrbuch fürs wissenschaftliche Schreiben der Autorin & dem Autor abnehmen. Gerade Nachwuchswissenschaftler können dem jeweiligen Jargon ihres Fachs nicht entkommen; denn sie müssen sich innerhalb ihrer Disziplin profilieren. Sie können nicht gut eine Dissertation über Probleme der Rektorswahlen an der Universität Altdorf im 17. Jahrhundert schreiben und gleichzeitig so tun, als seien Sie Bruce Chatwin, Elfriede Jelinek oder Péter Esterhazy. (Sie können das natürlich versuchen, aber es wird möglicherweise nicht so richtig gut funktionieren.) Sie können – und sollten – aber die Wirkungen des Jargons auf ihr eigenes Schreiben kontrollieren. Damit ihr Text auch von anderen Leuten als ihren unmittelbaren Fachkolleginnen und -kollegen gelesen werden kann, und, im Idealfall, mit Vergnügen. Darum wird es im Folgenden gehen. Was heißt Lesbarkeit? Wieso steht sie zu den Regeln disziplinärer Reputationsgemeinschaften in einem gewissen Spannungsverhältnis? Und mit welchen Mitteln kann man sie trotzdem herstellen?

Lesbarkeit. Ein Werkzeugkasten

In der Einleitung zu diesem Buch habe ich geschrieben, dass Schreiben erstens heteronorm ist, d.h. quer zu den akademischen Hierarchien liegt, und dass zweitens dieser kleine Versuch von der Annahme ausgeht, dass gute Schreibe auf einem Set relativ einfacher Regeln beruht. Schreiben ist lernbar. Das klingt freundlich und löst deswegen für gewöhnlich beifälliges Kopfnicken aus.

Aber in diesen beiden Annahmen steckt eine Zumutung, nämlich Arbeit am Text. Wissenschaftliche Texte sollten so sorgfältig geschrieben werden, wie sie recherchiert sind, um sie so lesbar wie möglich zu machen. Klingt verlockend. Damit verbunden ist freilich ein ganzer Forderungskatalog, den man sich als Autor & Autorin nicht einfach mit der Berufung auf die Konventionen oder die Zwänge des eigenen Fachs vom Hals schaffen kann – »Ja, gefällt mir auch nicht, aber das macht man bei uns eben so«. Lesbarkeit heißt, dass der Autor seine Argumentation im Text nachvollziehbar macht und buchstäblich unter Kontrolle der Anschaulichkeit argumentiert.

Und das ist nicht irgendjemandes Arbeit, sondern Ihre.

Dafür gibt es ein Set ziemlich simpler Regeln – eine Art Werkzeugkasten. Die folgenden Regeln sind insgesamt weder neu noch originell. Aber sie helfen, einigen der unangenehmeren Fallen auszuweichen, in die man beim Schreiben eines wissenschaftlichen Texts sehr leicht stolpern kann. Sie werden feststellen, dass eine solche Werkzeugkiste Ihr Leben als Autorin & Autor nicht einfacher macht. Im Gegenteil: Sie schafft Ihnen zusätzliche Aufgaben. Aber das, was Sie selbst neu zu sagen haben, Ihre Argumente, werden durch den Einsatz dieser Instrumente deutlicher und leichter zu erkennen.

1. Orientieren Sie Ihre Leser

Damit ist nicht das Inhaltsverzeichnis gemeint – denn das konsultieren die allermeisten Leser erst, wenn sie einen Text erneut aufschlagen und darin etwas suchen, und nicht beim ersten Mal. Einige Fachdisziplinen folgen dem frommen Glauben, durch numerische Gliederung unter Untergliederungen – Kapitel 1, Abschnitt 1.1., Unterabschnitt 1.1.4, usw. – dem Leser das Zurechtfinden auf knappste Weise zu ermöglichen und so mehr Platz fürs Eigentliche zu erhalten, also für Inhalt und Argumente. Die Autoren möchten damit, so scheint mir, auch die eigene Präzision und Methodik unübersehbar hervorheben. Wenn man Ludwig Wittgenstein ist, kann man sich natürlich der reinen Zahlengliederung und dem Schwung der eigenen Gedanken anvertrauen. Allen anderen würde ich abraten; jedenfalls für Texte, die länger als fünf Seiten sind. Dem Leser ist natürlich klar, dass nach Punkt 1.1.4 aller Wahrscheinlichkeit nach Punkt 1.1.5 folgen wird und dass mit 2.1.1. ein neues Kapitel anfängt. Aber kann sich der Autor wirklich darauf verlassen, dass seine Leser merken, wo z.B. im Abschnitt 3.3.5 die wichtigste Information des ganzen Kapitels zu finden ist, diejenige, die den Abschnitt 2.4 weiterentwickelt und ohne die man die Argumente der Kapitel 4 und 6 nicht versteht? Wird wohl schwierig.

Das Beispiel mag spröde erscheinen, aber es macht deutlich, was Orientierung im Text leistet. Autor & Autorin müssen ihren Lesern buchstäblich als Führer und Reiseleiter dienen. Was heißt das? Am Beispiel des Reiseleiters lässt sich das durchaus anschaulich machen. Der muss seinen Gästen zu Beginn sagen, wo sie sich befinden, und sie vielleicht auf den schönen Überblick über die Stadt aufmerksam machen – die

Topografie, die großen Verkehrsachsen, die markanten Gebäude: Willkommen. Dann geht es in eine unauffällige Vorortstraße – »Bitte hier entlang, jetzt rechts abbiegen: Halt, wir sind da« – , in der sich, um bei unserem Beispiel zu bleiben, eine stillgelegte Fabrik befindet. Es folgt eine Villa, ehemalige Arbeitersiedlungen, nie fertiggestellte Monumente: Vor ihnen erklärt der Reiseleiter, was dort geschieht oder geschehen ist, was daran jeweils zu sehen ist und welche Funktionen sie erfüllt haben.

Im Text ist genau das Aufgabe des Schreibers. Jeder Autor muss Verkehrszeichen aufstellen, damit sein Leser sich zurechtfindet. Diese Orientierungszeichen – Hinweisschilder, Zusammenfassungen, Ankündigungen – müssen so explizit wie möglich gemacht werden. Wir sind hier im ersten Stock der Direktorenvilla und haben Folgendes gesehen. Jetzt werden wir uns in die alten Lagerhallen begeben, in die Schächte der U-Bahn, in die Neubauquartiere. Und später, nach einer Folge von weiteren Straßen und Orten, führen Autorin & Autor ihre Leser schließlich aufs Dach eines Hochhauses und zeigen ihnen noch einmal den Blick auf die Stadt. Aber die Aussicht vom Beginn ist nicht mehr dieselbe. Durch die Lokaltermine in den einzelnen Quartieren, die Eindrücke von Ladenstraßen und Fabriken, die Kenntnis der Strukturen und der vorher unsichtbaren Vorgeschichten hat sich die Aussicht verändert. Die Stadt hat auf einmal Bewohner und einzelne Häuser mit Geschichte bekommen und sieht völlig anders aus. Sie hat sich durch das Wissen um die Details und den veränderten Blickwinkel in etwas Neues verwandelt.

Das Bild von der fremden Stadt, durch die der Erzähler führt, ist ein sehr schlichtes (und ziemlich altes) Beispiel dafür, wie ein Autor in einem Text zahlreiche einzelne und eigentlich unverbundene Gegenstände erzählerisch organisieren und zu einem Gesamtargument zusammenfassen muss. In jedem wissenschaftlichen Text muss die Leserin erfahren, wo sie sich am Beginn befindet und warum sie den Reiseleiter zu neuen Orten begleiten soll. Kleine Sprünge – und erst recht Überraschungen, oder Rätsel: »Drehen Sie sich um und machen Sie die Augen wieder auf. Wo sind wir?« – sind dabei zulässig und der Spannung dienlich. Sie müssen aber rasch, binnen weniger Seiten, aufgelöst und wieder in den Gesamtzusammenhang der Tour eingeordnet werden. Wenn der Autor darauf verzichtet, die einzelnen Orte, also die Elemente seiner Argumentation, miteinander zu verknüpfen, verlieren seine Leserinnen und Leser sehr schnell die Orientierung. »Was mache ich auf dieser Brücke? Warum hat man mich vor dieses kaputte Reiterdenkmal geführt? Warum erfahre ich das überhaupt, hier auf dieser verwirrenden Seite 74?« Sie blättern dann mit hoher Wahrscheinlichkeit nicht zurück zum Inhaltsverzeichnis, um es zu erfahren (jedenfalls nicht öfter als einmal), sondern klappen das Manuskript zu.

Und das wollten Sie, als Autorin & Autor, ja eigentlich vermeiden.

Also: Kein wissenschaftlicher Text ohne Ortstermine, Erklärungen, Verkehrszeichen. Warum muss ich das jetzt wissen? Was ist vorher passiert? Was ist das Resultat aus dem Abschnitt, den ich gerade gelesen habe, und in welche Richtung geht die Besichtigung weiter? Verkehrszeichen erkennt man als Autorin & Autor daran, dass man sie höchst ungern, ja mit Widerwillen schreibt. Denn für einen selbst sind die Zusammenhänge offensichtlich. Schließlich sitzt man seit zweieinhalb Jahren an der eigenen Doktorarbeit und kennt sich in dieser Stadt ziemlich gut aus, so abgelegen sie auch sein mag. Warum also diese langweiligen Zwischenfazits, diese Einleitung und diese erneute knappe Zusammenfassung der Leitfrage? Ganz einfach: Weil auch das wunderbarste Material sich den Lesern – und das ist zwar keine schlechte, aber doch eine mühsame Nachricht – nicht von alleine erschließt. Es braucht den Reiseleiter, der ihnen erklärt, warum sie das alles vorgeführt bekommen. Zwischenfazits helfen außerdem, den Gang der Argumentation durch die unübersichtliche und ziemlich verwinkelte Stadt zu erklären: »Wir haben gesehen, dass... Das bedeutet, dass wir jetzt...« Denn die Leser möchten nicht ständig danach suchen müssen, was wichtig ist. Sie möchten es selbstverständlich gezeigt bekommen, um damit selbst weiter machen und weiter denken zu können.

Solche Zwischenhalte, Erklärungen und Verkehrszeichen helfen dem Schreiber außerdem, die Aufmerksamkeitsökonomie seiner Argumentation zu verbessern. Jeder Text steckt voller impliziter Leseanweisungen, an welcher Stelle das Wichtige in ihm steht und in welcher Reihenfolge das nächste Wichtige auftauchen wird. Normalerweise schreibt der Autor diesen Regeln ganz munter und nicht immer sehr bewusst hinterher. Meistens übernimmt er einfach die in seinem Fach üblichen Gepflogenheiten, also die Konstruktionsprinzipien und die Dramaturgie der vielen Aufsätze und Bücher, die er zur Vorbereitung seiner eigenen Arbeit gelesen hat. Auch die verwenden ja ganz bestimmte Techniken der Orientierung des Lesers. Sie legen gewissermaßen Argumentationsfäden aus, an denen entlang sie ihr Material der Reihe nach entfalten.

Diese Fäden müssen während der Reise durch den Text konstant bleiben, sonst gehen Ihre Leser als

Reisende im Labyrinth der vielen Gebäude, aus denen die Stadt nun einmal besteht, verloren. Deswegen die Wichtigkeit der Wiedererkennbarkeit, oder, schreibpraktisch, der Wiederholung. Wiederholung ist nicht einfach ein Fehler. (Sie erinnern sich vielleicht an das mit rotem Kugelschreiber an den Rand des Aufsatzhefts geschriebene große W, mit dem der Deutschlehrer seinen Missmut über die Wiederholung eines Wortes ausgedrückt hat.) Sie ist ein Strukturelement. Lesbarkeit beruht auf Orientierung, auf dem Prinzip der Wiedererkennbarkeit einiger weniger – und eben nicht beliebig vieler – Elemente, die dem Leser als Stadtbesucher schon vertraut sind. In einer Stadt, in der man keine Häuser, Straßennamen und U-Bahn-Linien mehr wieder erkennt, hat man sich verlaufen. Ein Text, der (wie ein Telefonbuch) auf jeder Zeile ununterbrochen Neues bringt, und zwar nichts als Neues, ist unlesbar.

2. Verdichten, bitte

Der Molekularbiologe und Wissenschaftsforscher Hans-Jörg Rheinberger hat irgendwo geschrieben, ein wissenschaftlicher Text sei die künstliche Verlangsamung eines Prozesses, um ihn beobachtbar zu machen. Man muss ganz nah heran, um sozusagen in Zeitlupe das wesentliche, vorher unsichtbare Phänomen zu erfassen. Da ist sehr schön formuliert. Sein Satz beschreibt aber nur die erste Hälfte Ihrer Arbeit als Autorin & Autor, nämlich Recherche und Untersuchung. In der zweiten Hälfte – beim Schreiben – müssen Sie diese Veränderungen wieder abbilden.

Diesmal aber bitte nicht in Echtzeit. Sie können die Stadt nicht Straße für Straße, Haus für Haus abklappern. Sondern Sie müssen aufs Gas treten, Bewegung schaffen, *fast forward*: Denn herauskommen sollte ein Ergebnis, das die Optik Ihrer Leser auf das Ding verändert, das Sie ihm vorgestellt und für ihn untersucht haben. Sie haben selbst bemerkt, dass die Beschreibung der Stadtführung auf den vorangegangenen Seiten 71 ff. ziemlich langwierig war: Direktorenvilla, Arbeitersiedlungen, Denkmäler. Geht es nicht ein bisschen flotter? Genau. Man kann es auch anders sagen. Ihr Leser ist neugierig, und deshalb geduldig. Sogar sehr geduldig. Aber nur am Anfang.

Damit wären wir bei der Kategorie des Vergnügens – keine frivole, sondern eine praktische und unentbehrliche Kategorie für wissenschaftliche Texte, denn sie schärft die Aufnahmefähigkeit der Leser für die Argumente eines Texts. Vergnügen beim Lesen kommt aus der Kombination zweier Elemente: Orientierung (also Wiedererkennung) und Ergänzung dessen, was Autor & Autorin bewusst weggelassen haben. Ihre Leser werden so eingeladen, den Andeutungen des Texts zu folgen und ihn für sich selber auszubuchstabieren. Nicht jede Textbewegung muss bis ins Detail erklärt werden, denn das ist klebrig und tyrannisch. (Und langweilig.) Gute wissenschaftliche Texte führen immer wieder neu vor, wie elegant gute Schreiber solche Verkehrszeichen, Überleitungen und freche Neuformulierungen eines Problems verwenden. Der Leser kann freilich Frechheit und Eleganz nur dann honorieren, wenn er die notwendigen Informationen zur Verfügung gestellt bekommt und nachvollziehen kann, warum die kühne Überleitung, das coole Zitat, der rasche, abrupte Filmschnitt gesetzt worden ist. Auch der allergeduldigste Leser will das innerhalb von zwei Seiten erfahren. Deswegen versorgen Sie ihn besser mit dieser Information.

Der Leser will eben nicht nur orientiert werden, und nicht nur mit Hilfe von Hinweisen und Verkehrszeichen verlässlich durch fremde Stadtviertel und rätselhaftes Material geführt. Er will auch vorwärtsbewegt werden, und zwar flott. Anders gesagt, Sie müssen ihm erklären, warum er eigentlich in die alte Direktorenvilla mit ihren vielen Exponaten geführt werden musste, und zu Fuß durch das etwas heruntergekommene Arbeiterquartier. »Hätte man nicht den Bus nehmen können?« Hier kommt die Kategorie des Vergnügens ins Spiel. Vergnügen ist für die Entwicklung eines wissenschaftlichen Arguments ein ziemlich wichtiges Instrument im Werkzeugkasten. Sie zwingt zu Variation und – »Jetzt ins Taxi!« – zu Beschleunigung.

»Aber«, so lautet ein häufig vorgebrachter Einwand, »die Reise von Schauplatz zu Schauplatz mag für einen amüsanten Essay über eine fremde Stadt ein taugliches Verfahren sein. Aber meine Dissertation handelt eben nicht von so schlichten, handfesten Dingen wie Fabriken, Verkehrsmitteln und Reiterdenkmälern, sondern von abstrakten Kategorien, von ihrer Entwicklung, Durchsetzung und Adaption. Und dafür ist dieses Strickmuster unbrauchbar.«

Ist das so? Nehmen wir an, Sie behandeln in Ihrer Dissertation sieben theoretische Hauptpositionen eines wissenschaftlichen Problems. Im ersten Kapitel stellen Sie sie alle vor. In den folgenden Abschnitten skizzieren Sie die weitere Entwicklung, in der sich Nummer 1 und Nummer 5 ihrer Konzepte endgültig verabschieden, Nummer 2 sich aber in drei weitere, sich untereinander bekämpfende eigenständige Positionen aufspaltet, und Nummer 4 ebenfalls sich in zwei weitere Richtungen entwickelt, von denen eine fast identisch mit Nr. 3 ist, die andere aber sich in ganz entscheidenden Punkten mit der dritten Variante von Nr. 2 berührt – und dann (spätestens dann) haben Sie ein Organisationsproblem.

Denkbegriffe, die großes Gepäck haben (Supersubstantive, Zauberworte: Von ihnen wird weiter unten noch ausführlich die Rede sein) sind so eine Art Hauptpersonen im Text. Und das heißt: Es darf nicht zu viele davon geben. Sie müssen klar wiederkennbar sein. Dazu müssen sie explizit eingeführt und griffig charakterisiert werden. Denken Sie an einen Spielfilm. Wodurch werden die Hauptpersonen bei ihrem ersten Erscheinen im Film vorgestellt, damit man sie beim zweiten und dritten Mal sofort wieder erkennt? Ein prägnanter Ausspruch? Ein auffälliges Detail an Körper und Kleidung? Eine lange, detaillierte Kameraeinstellung, die beides unübersehbar macht? Wenn Ihnen eine solche Charakterisierung Ihrer Protagonisten gelungen ist (darin steckt ziemlich viel Arbeit), können sie sich dann auch im Lauf des Films – und in

Ihrem Text – weiterentwickeln und verwandeln, bleiben aber dabei als stabile Einheiten erkennbar.

In der Praxis bedeutet das, dass Sie in der Entwicklung Ihres theoretischen Arguments Ihr Personal beschränken müssen. Wenn man eine Geschichte erzählt, gilt dasselbe Prinzip wie in einem traditionellen Filmdrehbuch: Vier oder fünf zentrale handelnde Personen – maximal. Je komplizierter Ihre Konzepte und Probleme ausfallen, desto wichtiger ist es für Ihre Leser, dass Sie für Wiedererkennbarkeit sorgen, und für eine eindeutige (und das heißt meist: schlichte und lineare) Chronologie. Bitte bedenken Sie, dass auch die Leser wissenschaftlicher Texte eine Aufmerksamkeitsspanne von drei oder vier Seiten haben. Wenn das nicht reicht und Sie für die Weiterentwicklung Ihrer Argumentation neue Elemente einführen müssen, dann braucht es dafür einen unüberlesbaren Einschnitt. Also einen neuen Schauplatz, einen neuen Anfang, eine extra Vorstellungsrunde. Sie müssen Ihre Argumentation so organisieren, dass sie auf verschiedenen kleinen Bühnen stattfinden kann, mit einer knapp begrenzten Anzahl Akteure.

Und spätestens jetzt – Sie sind schon etwas ungeduldig hin und her gerutscht, aber Sie haben sich geduldig durch alle diese langen Verallgemeinerungen durchgekämpft – jetzt sagen Sie vermutlich: Kann der

Groebner nicht einmal ein Beispiel bringen? Einen Text, konkret, an dem man sieht, wie das funktioniert?

Sehen Sie, Ihren Lesern geht es genauso.

3. Dinge, Orte, Personen

Wie kann man solche Szenen und ihre Akteure rasch und knapp im Text vorstellen und charakterisieren? »Je abstrakter die Wahrheit, die man lehren will, umso mehr muss man erst die Sinne zu ihr verführen«, hat Friedrich Nietzsche im Sommer 1882 an Lou Andreas-Salomé geschrieben. In seinem Begriff von Verführung mag Mehrdeutiges mitschwingen, aber in der Sache hatte der ehemalige Basler Professor recht. Abstrakte Sachverhalte müssen mit möglichst sichtbaren, hörbaren, anfassbaren Argumenten plausibel gemacht werden; begreifbar, fassbar eben. Als Autor & Autorin werden Sie feststellen, dass die großen Denkbegriffe Sie an dieser Stelle häufig im Stich lassen, ganz egal, wie zentral sie in Ihrer Fachdisziplin im Moment sind. Denn die meisten dieser Begriffe sind auf großer Flughöhe angesiedelt, mit hohem Abstraktionsgrad. Wenn Sie die einzelnen Elemente oder Protagonisten der Entwicklungen und Konstellationen, von der Ihre

Doktorarbeit handelt, Ihren Lesern vorstellen möchten, brauchen Sie etwas Handfestes.

Eine gute Möglichkeit dafür ist die Konzentration auf ein Ding: Auf einen Gegenstand, der Ihren Akteur, Ihre Entwicklung oder Ihr Rätsel buchstäblich verkörpert und ihm eine materielle Form gibt. Das kann ein wissenschaftliches Instrument sein oder ein archäologisches Fundstück, ein Gemälde, eine alte Zeitung oder eine Notiz aus einem Nachlass. Jedes Stück Papier (oder Papyrus oder Pergament), sofern es genügend Information enthält und mit genügend Kontext aufgeladen werden kann, jede Inschrift, sogar ein kaputtes Kinderspielzeug kann die Funktion einer solchen Verkörperung übernehmen. Wenn Sie Ihren Lesern erklären, auf welche Weise dieser Gegenstand die abstrakten Vorgänge enthält, die Sie beschreiben, können Sie ihn als quasi belebten Akteur in Ihrem Text einsetzen. Vergessen Sie aber bitte nicht, dass die Wirkung dieses Mittels in der Verknappung liegt. Die Chance des Originals ist die Vereinzelung. Der ihm eigene Ort ist das Reliquiar, also die Vitrine, in der es jeden Betrachter zu konzentrierter Betrachtung einlädt. Sie sollten nur eine einzige solche Vitrine aufstellen. Große Mengen Originale sind (Sie kennen das vielleicht von Ihren eigenen Museumsbesuchen) – na ja, mäßig interessant.

Dasselbe Verfahren funktioniert auch für Orte, an denen sich etwas abgespielt hat. Ein Büro, ein Atelier, ein typisches Haus in einem Stadtviertel, das für Ihr Argument wichtig ist. Im Gegensatz zu Dingen, die nur sehr sparsam eingesetzt werden dürfen, können Sie Ihre Leser an mehrere Orte führen. Das ermöglicht Bewegung im Text, und, im Gegensatz zum quasi eingefrorenen, stillgestellten Ding, auch Bewegung in der Zeit. In der Beschreibung dessen, was der Leser heute an diesem Ort vor Augen hat und was er nicht mehr oder noch nicht sieht, lassen sich mit wenigen Sätzen viele Grundlageninformationen unterbringen, für die Sie auf den folgenden Seiten dann einfach die Postadresse als Kürzel verwenden können. Denn der Leser kann sich die damit verbundene Konstellation von Ereignissen leicht merken.

Noch besser kann man Gegenstände und Orte mit Hilfe einer kurzen griffigen Geschichte vorstellen. Jetzt kommt das schlimme Wort, genau: mit einer Anekdote. Solche knappen Erzählungen erfüllen den Leserwunsch nach etwas, das außerhalb des eigentlichen abstrakten wissenschaftlichen Bereichs liegt. Sie sind Kontaktzonen und bieten Zugang zu jenen alltäglichen Abläufen, in deren Rahmen sich der allergrößte Teil der menschlichen Handlungen abspielt. (Und Wissenschaft in den *humanities* handelt nun einmal von menschlichen Handlungen und ihren Ergebnissen.) Solche kurzen Erzählungen geben Ihnen als Autorin & Autor außerdem die Möglichkeit, Banales, Unkontrollierbares und Unvorhersehbares auftreten zu lassen – Pannen, Missgeschicke, Zufälle. Damit ist ein magischer Raum geöffnet. Um ihn zu nutzen, müssen Sie Ihren Lesern aber auch ziemlich rasch erklären, warum diese Zwischenfälle signifikant sind und was sie mit Ihrem Argument genau verbindet.

Und schließlich funktioniert dieses Verfahren hervorragend mit lebendigen Personen. Sie können beinahe jedem Ereignis (sagen wir: der ersten geglückten Transplantation einer Bauchspeicheldrüse), jeder historischen Entwicklung (etwa den gelehrten Debatten um die Zuverlässigkeit von Folter) und beinahe jedem Problem (interurbanen Wanderungsbewegungen, der Erfassung häuslicher Gewalt) ein Gesicht geben, indem Sie eine Figur vorstellen, deren Biografie damit verbunden ist. Diese Figur hat einen Namen, eine Lebensgeschichte, ein typisches Detail an ihrer Kleidung oder sonst ein Element an sich, personalisiert, das Sie für Ihre Argumentation brauchen. Auch hier gilt: Sparsam einsetzen. Amerikanische Autoren, wissenschaftliche wie nichtwissenschaftliche, benutzen diese Technik derart häufig und intensiv, dass sie dem Leser damit oft allzu nahe auf den Leib rücken und man manchmal richtig froh ist, wenn einem als Leser die genaue Beschreibung des Alters, der Haarfarbe und der Charaktereigenschaften dieser Argumentverkörperungen erspart bleiben. »Dr. M. ist ein rothaariger Mittvierziger mit wettergegerbter Haut und ansteckendem Lachen, der...« Zurückhaltend eingesetzt und klug variiert kann diese Technik aber hohe Anschaulichkeit erzeugen. Eine mit persönlichen Eigenschaften und einer kurzen Begebenheit charakterisierte Person bleibt Ihren Lesern besser im Gedächtnis und lässt sich auch nach längerer Abwesenheit im Text zwei Kapitel später problemlos reaktivieren. Eine kurze Erinnerung an Dr. M. reicht dafür. Vor allem konzentriert sie die Aufmerksamkeit Ihrer Leser dort, wo Sie sie als Autor haben wollen, auf Ihre Protagonisten und dem, was diese tun.

Dieser Kniff ermöglicht zudem den Einsatz eines Instruments, das Ihnen keine der üblichen abstrakten Kategorien der Wissenschaftssprache bieten kann, nämlich des O-Tons. Oder genauer, um bei der Wahrheit zu bleiben: der Simulation des O-Tons. Gemeint sind damit möglichst kurze, aber informationsdichte Zitate als Aussagen in der ersten Person Singular als Kürzel für das Problem, das Sie darstellen wollen. Dieses Werkzeug kann im Gegensatz zum sprechenden Gegenstand in Großaufnahme, zum Originalschauplatz, zur Anekdote und zum Protagonisten relativ häufig im Text eingesetzt werden und büßt seine Wirkung bei behutsamer Wiederholung nicht ein. Natürlich kommt Ihnen das irgendwie bekannt vor: Die Technik wird häufig in journalistischen Texten eingesetzt. Aber sie ermöglicht Ihnen, sehr präzise das Detail, den Begriff, das Schlagwort einzuführen, das Sie selbst dann mit einer umfangreicheren Argumentation verknüpfen.

Denn es ist die Zuverlässigkeit, die Genauigkeit und die analytische Schärfe seiner Argumentation, die Ihren Text wissenschaftlich macht. Und nicht seine äußere sprachliche Form. Ein bisschen älter als Zeitungen und Dokumentarfilme des 20. und 21. Jahrhunderts ist dieser Trick auch. Der Leser – und das wussten schon Aristoteles und Quintilian – wird Ihnen diese *enargeia*, diese Zuspitzung im (simulierten) Konkreten, danken, und zwar mit Aufmerksamkeit und stabiler Verknüpfung mit dem von Ihnen präsentierten Kontext. Kürzer gesagt, er merkt sich das so einfach besser. Deshalb kommen gute wissenschaftliche Texte nicht ohne dieses Verfahren aus. Sie kennen es ohnehin, wenn auch unter einem anderen Namen. Cicero hat es *evidentia*, Evidenz genannt.

4. »Aber ich habe doch viel mehr Material!«

Wie schön. Ist ja wirklich erfreulich. Aber es ist unklug, etwas zum Problem Ihrer Leser zu machen, für das Sie als Autor zuständig sind. Nämlich dafür, aus der Fülle des gesammelten und erarbeiteten Materials eine überzeugende Auswahl zu treffen. Die Fülle ihres Materials kann zur Falle werden, in die wissenschaftliche Autoren sehr oft stolpern: zum Wunsch nach Vollständigkeit.

Einwurf aus dem Publikum: Aber man muss doch alle wichtigen Belegstellen eines Begriffs aufführen, oder? Man muss doch alle wichtigen Autoren benennen, die sich mit dem Problem befasst haben; und alle wichtigen Vorarbeiten anführen?

Wie man es nimmt. Von »man« als Doppelgänger des Autors wird weiter unten noch die Rede sein. In diesem »man muss« gehen jedenfalls zwei sehr unterschiedliche Empfindungen eine schwer auflösbare Verbindung ein – und zwar als Empfindungen des Autors, nicht als Pflichten des Lesers. Auf der einen Seite geht es um den Stolz von Autor & Autorin auf die eigene Arbeit als findige Leser und Sammler; auf der anderen um ihr Bedürfnis nach Absicherung, um Schutz vor der Lücke.

Die Wissenschaftssprache kennt dafür ein eher unschönes Symptom – die Superfußnote. Auffällig häufig findet sie sich in Aufsätzen in Zeitschriften und Sammelbänden. Ihr beliebtestes Biotop sind aber die Einleitungskapitel von Dissertationen. Gewöhnlich steht sie am Ende der ersten oder auf der zweiten Textseite, wo sie dann leicht ein Viertel oder die Hälfte (und mehr) der Druckseite mit Kleingedrucktem füllt; eine Fußnote, die zu einem Forschungsgebiet eine unabsehbar lange Liste dazu publizierter Bücher und Zeitschriftenaufsätze auflistet. Unkommentiert; einfach, damit sie da ist. Hat der Autor das alles gelesen? Wollen wir gerne glauben. Jedenfalls hat er die Titel bibliografiert. Was er mit ihnen anfängt, bleibt allerdings offen. Denn häufig stehen in dieser Fußnote einander scharf widersprechende Forschungspositionen einträchtig nebeneinander, ohne dass irgendwo auf die Unterschiede hingewiesen werden würde. Welche der angeführten Arbeiten der Autor zur Lektüre empfiehlt, welche er unbrauchbar findet und welche er selbst fortsetzen möchte, bleibt zumindest unklar. Offenbar macht es die Masse.

Dahinter verbirgt sich ein ziemlich großes Dilemma. Wieviel Positionen Anderer können Autor & Autorin beim Leser voraussetzen, während sie ihr eigenes Argument entwickeln? Sollen sie alle diese Vorarbeiten und Teilergebnisse der Kolleginnen und Kollegen im eigenen Text darstellen – ich meine, wirklich alle? Jeder Autor strebt danach, dass sein Text als hochverdichtet wahrgenommen wird, d.h. als potentiell unendlich informationsreich. Deshalb die Verlockung des Impliziten, des beiläufigen Nennens berühmter Namen und der kennerschaftlichen Anspielung unter Eingeweihten. Das schreibt sich erst einmal recht flott. Außerdem ist es irgendwie ermutigend.

Aber leider entfalten diese Anspielungen ihre positiven Wirkungen vor allem auf ihren Autor. Und nicht auf dessen Leser. Denn diese Art Schreibe hat einen unangenehmen Nebeneffekt: Autorin & Autor sprechen nur mit sich selber. Sie sind ein wenig ängstlich, unsicher, und möchten sich auf keinen Fall dem Vorwurf aussetzen, etwas Wichtiges übersehen oder weggelassen zu haben. Die Superfußnote ist eine Form der Miniaturisierung. Das Material der Vorgänger und Autoritäten, auf die sich die eigenen Argumente beziehen, wird in Form von kürzest abgekürzten Kürzeln präsentiert, als Stichworte ihrer selbst. Damit kann man erstaunliche, beeindruckende und schwindelerregende Verdichtungseffekte erzielen – Streitgespräche zwischen Gelehrten, die einander nie begegnen konnten, Zeitreisen in erstaunlichen Geschwindigkeiten und mit halsbrecherischen Wendungen, und all das zum höheren Ruhm von Autorin & Autor, die sie in ihrem eigenen Text so griffig (und erbarmungslos) komprimieren. Die Vorteile des Verfahrens liegen auf der Hand. All die wichtigen oder möglicherweise wichtigen Autoritäten und Vorarbeiten der Kolleginnen und Kollegen sind da, aber beruhigend verkleinert und an den unteren Rand der Seite gerutscht. Der eigene Text liegt buchstäblich auf ihnen drauf. (Es gibt sie schon, die kleine Machtlust beim Schreiben.) Und beruhigend ist es auch, als Schutz. »Habe ich doch zitiert, ganz am Anfang!«

Interessant, dass dem Selbstverständnis der Befragten nach Superfußnote und Miniaturisierung gerade das sind, was einen wissenschaftlichen Text so richtig wissenschaftlich mache: die Versammlung möglichst wichtiger Autoritäten in so konzentrierter Form wie möglich. Hier treten wir in den Bereich der Textmagie ein. Superfußnote und Miniaturisierung dienen offenbar nicht einfach dem Nachweis benutzter Literatur.[27] Viel eher funktionieren sie als Beschwörungsmaschinen. Sie dokumentieren den Glauben von Autor & Autorin an den Glauben ihrer Leser, dass eine solche hochkonzentrierte Auflistung Beleg für sorgfältige Recherche sei – obwohl alle Beteiligten wissen, dass die einschlägigen Literaturverwaltungsprogramme mit etwas *copy & paste* und ein, zwei Tastaturbefehlen derartige Listen in beliebiger Länge in die eigenen Texte pumpen. Bei einer solchen Forschungsdiskussion qua Miniaturisierung gehen Autor & Autorin stillschweigend von der Annahme aus, dass ihr Leser sich für die Lektüre einen Privatapparat der zitierten Bücher und Zeitschriftenaufsätze fertig zusammengestellt hat, um die Fußnoten jeweils nachzuschlagen; oder aber, dass er die benutzten Texte samt Seitenzahlen ohnehin im Kopf parat habe. Beides ist zumindest – na sagen wir einmal: optimistisch gedacht. Man könnte es auch etwas deutlicher sagen. Die Benutzer von Superfußnoten und Miniaturisierungen haben keine hohe Meinung von ihren Lesern. Sie halten sie für ein bisschen dumm; oder für gleichgültig. Und sie wollen sich selber vor dem Vorwurf in Schutz nehmen, sie hätten wichtige Forschungsliteratur übersehen.

Leider macht sich das gar nicht gut. Auch wenn die Anderen aus Ihrem Fach, all die anderen fleißigen Nachwuchswissenschaftlerinnen und Nachwuchswissenschaftler das auch so machen: Es macht sich trotzdem nicht gut. Denn es lässt Sie als zaudernd und unentschlossen erscheinen. Oder auch nur einfach als ängstlich. Ihr Job ist es, eine ordentliche Auswahl zu treffen und die zu begründen. Damit imponieren Sie Ihren Lesern; und nicht durch lange Fußnoten und das nonchalante Erwähnen berühmter Namen.

Am überzeugendsten demonstrieren Autor & Autorin ihre Fähigkeiten der Lektüre und der Benutzung zitierter Titel dadurch, dass sie die interessantesten und einflussreichsten drei oder vier Arbeiten zu ihrem Gebiet auswählen, deren Argumente im eigenen Text auftreten lassen, einander knapp gegenüberstellen und sie sozusagen ausprobieren. Damit ist ziemlich viel Arbeit verbunden, und außerdem ein Risiko. Denn Sie selbst als Autor & Autorin müssen eine Auswahl treffen und Position beziehen: Ihre eigene. Das kann Ihnen niemand abnehmen. Genau das versuchen aber Superfußnote und Miniaturisierung zu vermeiden. Stattdessen erschaffen beide eine etwas gespenstische Figur, die man den *lecteur supposé* nennen könnte, eine halb an-, halb abwesende magische Instanz. Am besten lässt sich dieses Wesen als akademisches Über-Ich beschreiben: Jene imaginäre Person, von der alle Beteiligten annehmen, sie habe all die Bücher, Aufsätze, Lexikonartikel und Internetseiten, die da zitiert werden, vollständig gelesen.

Dasselbe Prinzip gilt auch für die Materialpräsentation im Text, also sozusagen oberhalb der Fußnoten. Das bringt uns nach Marbach im Sommer 2009 zurück. Die Teilnehmer der Schreibwerkstatt waren gebeten worden, als Grundlage für die Arbeit in den beiden Tagen die ersten 20 Seiten ihres eigenen Texts einzusenden, am besten ein Kapitel aus ihrer Dissertation, maximal 40.000 Zeichen. Mitschicken sollten sie außerdem die ersten zehn Seiten eines wissenschaftlichen Texts, der für sie Vorbildcharakter habe, und schließlich eine kurze Begründung, warum sie den Text so gut fänden, auf maximal fünf Zeilen. Die eingesandten Texte der dreizehn Teilnehmer erwiesen sich aber alle als deutlich umfangreicher als vorgegeben. Manche waren um ein Viertel länger, einige gut doppelt so umfangreich wie vereinbart. Bei den Vorbildtexten hatte sich dagegen mehr als die Hälfte an die Begrenzung gehalten, auch wenn das die Vorbilder verstümmelte. Warum? Weil die eigenen Texte die eigene wissenschaftliche Arbeit dokumentieren und ins beste Licht rücken sollten, das eigene Projekt möglichst klar und überzeugend darstellen. Die eigenen wissenschaftlichen Texte waren eben offensichtlich derart kostbare Früchte des eigenen Nachdenkens und der eigenen Mühen, dass sie keine Kürzungen vertrugen.

Die Stilkunde kennt das Instrument des inneren Monologs. Der Autor: Gerade die Passage auf Seite 23, gerade die ist doch meine schönste, überzeugendste Stelle. Aber man versteht sie nur, wenn ich die Seiten 3 bis 5, 7, 8, 11 und diesen schönen Rundumschlag auf Seite 14 bis 16 auch mitliefere. Und nur dann, wenn ich meine Argumente in ihren ganzen

Verästelungen und mit all ihren schönen Details entfalten kann, nur dann wird deutlich, was ich eigentlich sagen will und wie gut das ist.

Der Leser, ebenfalls im inneren Monolog: Jetzt das auch noch. Und das. Der fürchtet sich einfach. Der schreibt das alles so unendlich detailliert, weil er von seinen vielen, vielen Beispielen und Nachweisen und Anmerkungen selbst eben doch nicht ganz überzeugt ist. Ich werde das sehr genau lesen, jede einzelne Zeile davon, und dann gegen ihn verwenden. Das hat er jetzt davon.

The secret of the bore, hat der unvergleichliche, böse Oscar Wilde geschrieben, *is to say everything.* Alles sagen zu müssen ist eines der schlimmeren Dinge, die Autor & Autorin zustoßen können. Und ihren Leserinnen und Lesern auch. Wenn alles wichtig und unverzichtbar ist, jedes Detail, dann kippt beim Lesen der ganze Text plötzlich nach hinten, wie ein U-Boot, in dem jemand eine Luke geöffnet hat, und versinkt unter seinem eigenen Gewicht, bis er am lichtlosen Grund des Meeres im Faktenschlamm aufsetzt.

Ein wissenschaftlicher Text ist deswegen einer, weil er weiß oder doch wenigstens zu wissen glaubt, was er weglässt. Und das begründen kann. Es gibt die alte und in vielen Schreibführern immer wieder neu ausbuchstabierte Ermahnung an Autor & Autorin, die eigenen Lieblingspassagen zu streichen. (*Kill your darlings*, heißt das jenseits des Atlantiks.) Aber das ist erst die eine Hälfte der Arbeit. Die zweite besteht darin, den gestrichenen Absatz durch einen einzigen Aussagesatz zu ersetzen, der das Ergebnis zusammenfasst. Und das so einfach und direkt wie möglich: Subjekt – Prädikat – Objekt.

5. Wo steht das Wichtige?

Wenn auf diese Weise die Klammern wegfallen, die Einschübe, Parataxen, und die vorangestellten Nebensätze und Relativsatzkonstruktionen, dann hilft das schon. Um die Fülle Ihres Materials weiter zu ordnen, müssen Sie aber Ihrem Leser noch ein wenig konkreter an die Hand gehen und ihn auf das Wichtigste, auf die Kerne Ihrer Aussagen aufmerksam machen. Für die Orientierung ist das ebenso unverzichtbar wie zur Beschleunigung. Wie aus den vielen Worten auf einer Seite und unter den vielen angeführten Beispielen in einem Abschnitt diejenigen kenntlich machen, die für die eigene Argumentation am wichtigsten sind?

Die Wissenschaftssprache kennt verschiedene Techniken der Hervorhebung. Die schlichteren funktionieren mit typografischen Mitteln: Einfache Anführungszeichen (gewöhnlich für theoretische Begriffe); doppelte Anführungszeichen (für Zitate, also für Texte von anderen); und schließlich Kursive für fremdsprachige Zitate, aber manchmal auch für besonders wichtige Denkbegriffe. Worte oder ganze Sätze groß, gesperrt oder fett zu drucken oder zu unterstreichen ist in wissenschaftlichen Publikationen unüblich, und das ist auch gut so.

Wer wissenschaftliche Bücher und Zeitschriften aufschlägt, wird neben den Superfußnoten gewöhnlich ziemlich viele Begriffe finden, die auf eine der oben angegeben Arten hervorgehoben worden sind. Das Bedürfnis des Autors, seinem Leser seine Hauptsache auch gleich als Wichtigstes vor Augen zu führen, ist in vielen Arbeiten unübersehbar, und für einmal stimmt das Wort in allen seinen Bedeutungen. Natürlich kann man auf einer Doppelseite seines eigenen Texts sechs Begriffe kursiv setzen, dazu fünf Worte in einfachen Anführungszeichen und zwei längere Sätze in doppelten. Das ist kein frei erfundenes Beispiel, sondern in zahlreichen luftig lektorierten Dissertationen und Sammelbandbeiträgen problemlos wiederzufinden. Autor & Autorin erzeugen so eine Art Zeichenstau. Das Auge des Lesers springt von einem »Achtung!«-Signal zum nächsten, ohne den Grund dafür zu erfahren und ohne je wirklich stehen bleiben zu können; die verschiedenen Formen der Hervorhebungsformen neutralisieren sich gegenseitig. Das Ergebnis ist ein Dickicht, und das ist noch das positivste Attribut, das ich dafür finden kann.

Dasselbe gilt für jene Textbausteine, die stets mit doppelten Anführungszeichen oder – je nach Stil – als Kursive gesetzt werden: Zitate. Wissenschaftler arbeiten ununterbrochenen mit den geliehenen Stimmen (und der geborgten Arbeit) anderer Leute. Etwas boshaft könnte man wissenschaftliches Schreiben als Autonomie mit dem Text-Material Anderer bezeichnen. Eine solche demonstrative Anbindung an die großen Autoritäten des eigenen Fachs ist neben den Großbegriffen, von denen gleich noch die Rede sein wird, das zweite große Einfallstor für die Deformation des Texts zum Jargon. Gewöhnlich geschieht das in Form ausführlicher Zitate.

Aber abgesehen von Ihrem Fleiß verraten solche allzu häufig eingesetzte und allzu umfangreich ausgefallene wörtliche Einschübe Ihren Lesern vor allem Ihre Unsicherheit. Sie verraten, dass Sie sich dafür entschieden haben, ganze Brocken von fremden Texten (zwei, drei, manchmal zehn Sätze in Folge) deswegen in Ihre eigenen Erklärungen einzurücken, weil Sie den Eindruck haben, es selbst nicht kürzer und treffender sagen zu können. Als Autor meinen Sie wahrscheinlich, die Pointe Ihrer eigenen Analyse liege genau in jenem Zitat, das Sie gerade hingeschrieben haben, und fassen es als Bestätigung Ihrer eigenen Leistung auf. Deswegen sind Sie so stolz auf dieses Stück Fremdmaterial – egal, ob es aus einem theoretischen oder literarischen Text stammt, aus einem Archiv oder einer Filmszene. Sie sind überzeugt davon, dass das von Ihnen als Zitat Präsentierte Ihnen die Arbeit abnimmt und für sich selbst spricht, aber Ihr Argument vorbringt.

Vergessen Sie es. Das tun Zitate nie. Sie selbst müssen die Auswahl treffen, und zwar die knappste und kürzestmögliche. Zitieren heißt Hervorheben. Eine zitierte Passage von eineinhalb Zeilen wirkt viel prägnanter als ein ganzer eingerückter Absatz; und ein wörtliches Zitat von drei Worten viel wirkungsvoller als ein ganzer Satz. Je kürzer es ausfällt, desto klarer haben Sie als Autor entschieden, was daran jetzt denn eigentlich die Hauptsache ist. Je knapper, desto genauer haben Sie die Position markiert, mit der Sie dann weiterarbeiten. Und Ihr Leser schätzt das. Der will nämlich, wie schon gesagt, Sie bei der Arbeit sehen, und zwar gerade dann, wenn Sie andere Gewährsleute per O-Ton einsetzen.

Setzen Sie deshalb so wenig wie möglich in Anführungszeichen und in Kursive. Und wenn Sie es doch tun, heben Sie nicht mehr als ein Wort pro Doppelseite hervor. Formulieren Sie so viel wie möglich in Ihren eigenen Worten, nicht in denen Anderer. Je weniger Zitate in ihrem Text erscheinen, desto größere Wirkung bekommen sie. Die effizienteste und gleichzeitig eleganteste Art, ein Wort oder einen Halbsatz hervorzuheben, hat ohnehin nichts mit Typographie zu tun. Sie besteht darin, den Begriff direkt am Anfang – in der ersten halben Zeile – eines Absatzes zu platzieren. Fast ebenso stark sticht dem Leser ein Substantiv am Ende eines Absatzes ins Auge, als eines der letzten drei Worte. Beide erhalten automatisch sehr viel Leseraufmerksamkeit – und zwar auf jeden Fall, ob Sie wollen oder nicht.

Dafür sind Absätze übrigens auch erfunden worden. Die alte *scriptio continua* mit ihren ohne Punkt und Komma aneinandergefügten Worten wurde im Hochmittelalter aufgegeben und durch diakritische Zeichen, Absätze und Verweise auf andere Texte ersetzt, zur besseren Orientierung im Text und in der Argumentation. Es wäre schade, wenn diese praktische, 900 Jahre alte Erfindung im Zeitalter des vom Autor selbst formatierten Dokuments wieder verloren gehen würde. (Das ist bei erstaunlich vielen Netzpublikationen tatsächlich der Fall. Sie schieben die Texte in Form solcher homogenisierter Wort-Würste auf die

Bildschirme ihrer Leser.) Machen Sie Gebrauch von den Absätzen und der Möglichkeit des selbstverständlichen Hervorhebens, die sie Ihnen bieten.

Den Fallen der endlosen Aufzählung als Absicherung entkommt man übrigens am besten, wenn man sich den eigenen Text laut vorzulesen versucht. Denn ein gesprochener Text, am und im Ohr, dringt schneller ins Hirn des Zuhörers. Er muss deshalb rascher mitteilen, worum es gehen soll. Mündliche Rede hat ihre eigenen Redundanzen und Wiederholungsschlaufen, wie jeder weiß, der schon einmal ein auf Tonband aufgenommenes Gespräch abgetippt hat. Sie hat aber keine langen vorangestellten Nebensätze, sondern muss viel kürzer, direkter und aussagedichter sein als ein geschriebener Text mit seinen verschiedenen Ebenen der Hervorhebungen und der Zitate.

Beim Vorlesen merken Sie deshalb rasch, wie lange es am Beginn eines neuen Absatzes dauert, bis Sie selber verstehen, wovon eigentlich die Rede sein wird. Sie merken auch, wie rasch das bedeutungstragende Substantiv am Anfang erscheint. (»Von wem ist die Rede?«) Und Sie merken, wenn Sie das Verb mit lauter Einschüben und Relativsätzen so weit nach hinten geschoben haben, dass im Satz niemand irgendetwas zu tun scheint, oder einfach zu lange damit wartet. (»Was passiert hier eigentlich?«) Wenn Sie sich Ihren Text selber vorlesen (oder noch besser: einem geduldigen Publikum), merken Sie schließlich auch, ob am Ende die Resultate Ihrer Überlegungen wirklich deutlich werden. Denn jedes Mal, wenn Sie selbst (oder, im schlechteren Fall: Ihr Publikum) beim Zuhören ungeduldig werden, dann müssen Sie knapper werden. Also: Streichen. Und jedes Mal, wenn Sie sich selber fragen »Worum geht es hier jetzt eigentlich?«, dann haben Sie vergessen, einen Absatz vorher Verkehrszeichen und Wegweiser zu montieren.

6. »Schatzi, ich bin's«: Die Autorperson

Das laute Vorlesen Ihres eigenen Texts mag Ihnen etwas absurd vorkommen, aber Sie können ja Ihre Zimmertüre fest schließen, damit niemand Sie hört. Das Verfahren ist noch für etwas anderes gut. Es erinnert Sie daran, dass jeder Text einen Sprecher hat, eine erzählende Stimme, die – wer hätte das gedacht? – in Ihrem Fall Ihre eigene ist. Ihre Stimme erzeugt den Text. Und Sie können sie nicht zum Verschwinden bringen.

Das ist deshalb eine nützliche Erinnerung, weil die Wissenschaftssprache ziemlich große Mühe darauf verwendet, so unpersönlich wie möglich zu erscheinen. Das hat eine längere Vorgeschichte, die ins 18. Jahrhundert zurück reicht. Die Aufklärer bemühten sich, durch die Betonung des Unpersönlichen und durch Passivkonstruktionen dem eigenen Ideal von aperspektivischer Objektivität zu entsprechen. Ob eine Aussage gültig war oder nicht, sollte von ihrer Überprüfbarkeit abhängig sein und nicht davon, wer sie gemacht hatte. In deutschen Proseminaren gelte diese strikte Regel weiterhin, berichteten die Teilnehmer der Marbacher Schreibwerkstatt: »Kein Ich in wissenschaftlichen Texten!« Das mache man eben so; zumindest bei ihnen sei das so gehandhabt worden. Schon mit ein paar Ausnahmen unter den Professorinnen und Dozenten; aber das seien eben die Ausnahmen gewesen.

Natürlich kann man postulieren, dass ein wissenschaftlicher Text ohne explizit auftretendes Ich auskommen müsse, und deswegen den Gebrauch der ersten Person Singular untersagen. Bei den Historikern ist dafür Leopold von Ranke die klassische Referenz. (»Ich wünschte mein Selbst gleichsam auszulöschen und nur die Dinge, die mächtigen Kräfte reden zu lassen.«) Die Sozialwissenschaftler halten sich gerne an Max Weber. (»Persönlichkeit auf wissenschaftlichem Gebiet hat nur der, der rein der Sache dient.«) Wer daraus ein komplettes Verbot der ersten Person

Singular ableitet, geht aber davon aus, dass die Leser wissenschaftlicher Texte glauben, ein wissenschaftlicher Text erzähle sich buchstäblich selbst und von alleine – und diese Annahme hätten Weber, Ranke und die Aufklärer des 18. Jahrhunderts vermutlich nicht geteilt.

Welchen Gebrauch Sie beim Schreiben von der ersten Person Singular machen wollen, bleibt Ihnen selber überlassen. Starke Wirkungen erzeugt das kleine Wort Ich auf jeden Fall.[28] In wissenschaftlichen Texten auf Deutsch wird die erste Person Singular offenbar weiterhin als »sehr persönlich« eingestuft, als Signal von Subjektivität und irgendwie hemmungsloser Selbstüberschätzung.

Ist sie das wirklich? In der »Wiedergefundenen Zeit« lässt Marcel Proust einen gewissen Professor Brichot auftreten, der 1914 beginnt, prätentiöse Zeitungsartikel über den Krieg zu schreiben. Brichot wird von den Angehörigen jener noblen Gesellschaft, die Prousts Roman beschreibt, verspottet. Sie werfen ihm vor, er verwende zu häufig das Wort »Ich«. »Von diesem Augenblick an«, fährt Proust fort, »ersetzte Brichot ›ich‹ durch ›man‹. Dieses ›man‹ hinderte freilich den Leser nicht daran zu erkennen, dass der Verfasser von sich selber sprach, erlaubte diesem aber, nunmehr unablässig von sich selbst zu reden.«[29]

Wie bei jedem guten *double bind* wird ein solches Verbot, »Ich« zu schreiben, mit einem Bündel von Forderungen verknüpft, die sein Befolgen unmöglich machen. Dieses Dilemma kennen wir schon. Es ist ja niemand anderer als der Autor selbst, der die Plausibilität seiner eigenen Argumente mit Superfußnoten, hochkonzentrierten Extrakten berühmter Autoritäten und Zitaten aus den Arbeiten anderer Leute unter Beweis stellen will. Der Leser, so könnte man diesen großen klammheimlichen Autor-Wunsch ausdeutschen, möge doch bitte ohne mich erkennen, was an meinem Text wichtig ist. Beim Leser kommt das freilich anders an. »Ich bin so schüchtern«, lautet die eigentliche Mitteilung, »dass ich alles tue, nur um meine eigene Entscheidung unsichtbar zu machen.« Klingt das überzeugend?

Mäßig. Eben. Wissenschaftliche Texte verlangen von ihrem Autor erstens Genauigkeit, zweitens, den eigenen Standpunkt so deutlich wie möglich zu machen, und drittens, empirische Beobachtungen von Annahmen und Hypothesen zu trennen, also Überprüfbarkeit möglich zu machen. Wie soll man das bewerkstelligen, ohne dass die eigene Person im Text erscheint?

Double binds, Forderungen also, die unmöglich zu erfüllen sind, sind unwiderstehlich. Von ihnen geht eine große, verhexte Anziehungskraft aus. Vielleicht ist das Verbot der ersten Person Singular so etwas wie ein Gegenstück zum Dogma der Transsubstantiation oder, noch wahrscheinlicher, zur unbefleckten Empfängnis in der Wissenschaftssprache Deutsch: ein formidables intellektuelles Hindernis, das beträchtliche kreative Energien freisetzen kann. Leider hat es auch ein paar Folgekosten.

Denn diese Form des wissenschaftlichen Schreibens, nicht nur im Deutschen weit verbreitet, erzeugt Sprecher mit ganz erstaunlichen und buchstäblich übermenschlichen Fähigkeiten. Sie bleiben unbestimmt: »Wir«. »Man«. »Es«. Autorin & Autor treten nur als ihre Doubles auf. Dabei gibt der Doppelgänger (wie alle Doppelgänger) die eigentlich entscheidenden Handlungsanweisungen. An wen die sich genau richten, bleibt aber in diesem Fall offen. Denn auch die unmittelbaren Leserinnen und Leser werden von dem so maskierten Autorenkollektiv nicht explizit angesprochen. Adressat ihres Textes wird vielmehr ein Hybrid oder Zwischenwesen, das im Lauf der Argumentation zwischen dem »Wir«, »Man« und »Es« und ihren Lesern allmählich Form annimmt, wie ein Astralleib in den spiritistischen Sitzungen am Ende des 19. Jahrhunderts. Zusammengesetzt ist dieser Astralleib aus den Reden und Texten abwesender, aber eigentlich angesprochener und gemeinter Fachkolleginnen und -kollegen, die durch den neuen Text heraufbeschworen werden sollen.

7. Sprechende Automaten

Aber wer erhält das Wort, wenn die erste Person Singular so anstößig ist? Der maskierte Autor als Double seiner selbst tritt in wissenschaftlichen Texten in unterschiedlicher Gestalt auf. Häufig wählt er die erste Person Plural. Je nach Gusto und Stil erscheint er in diesem Fall als majestätisches weisungsbefugtes Kollektiv oder als freundlich ermahnende Kirchgemeinde: »Deshalb meinen wir.« »Uns scheint.« In den meisten Texten wählt er aber eine etwas luftigere Erscheinungsform, die unpersönliche dritte Person. »Man muss hier allerdings festhalten.« »Man könnte einwenden.« Und noch häufiger ist eine dritte Variante, in der sich ganze Wüsten von Passivkonstruktionen in der Argumentation auszubreiten beginnen, große »es«-förmige Wanderdünen. »Es hat sich gezeigt, dass....« »Es fehlt.« »Es scheint.« Manchen Autoren ist sogar das hauchzarte Pronomen »es« noch anstößig. Es ist ihnen offenbar zu pronomig, zu sehr Subjekt, und deshalb lassen sie es in der Ellipse eines vorangestellten Halbsatzes gänzlich verschwinden. »Anzumerken ist dazu allerdings.« »Hier muss in erster Linie.«

Ebenso beliebt ist es, abstrakte Vorgänge zu Subjekten zu machen, zu sprechenden Automaten. Vom Zauberstab des maskierten Autors aus ihrem Puppenschlaf geweckt, stehen sie auf und legen los. Dabei treten diese Automaten durchaus selbstbewusst auf; wenigstens können sie von Autor und Publikum Dinge verlangen und einfordern. »Die Befähigung zur Dekonstruktion historischer Sinnangebote bedarf dringend empirischer Antworten.« Andere dagegen entwickeln selbst intensive, ja fieberhafte Aktivitäten. Sie strukturieren zum Beispiel, integrieren, verschärfen, spitzen zu oder verhindern. Eine ihrer Lieblingsbeschäftigungen ist es, Sachverhalte zu beurteilen und Zensuren zu erteilen. »Eine genauere Untersuchung würde dagegen zeigen.« »Nicht zu überzeugen vermag allerdings die Anwendung dieser Methode.«

Die meisten dieser sprechenden Automaten sind in Hauptworte mutierte Tätigkeitswörter. Es ist nicht sehr schwierig, ein sanftes, biegsames Verb mit Hilfe der Nachsilbe »-lich« in ein Adjektiv und dann mit dem weiteren Zusatz »-keit« in ein Substantiv hochzurüsten und mit abstraktem Deutungsanspruch zu panzern. Die ersten dieser allumfassenden Substantive sind von deutschen Gelehrten an der Wende vom 18. zum 19. Jahrhundert in die Welt gesetzt worden, und die darin besonders gut trainierten Philosophen konnten sogar ganze Halbsätze in solche Großbegriffe aufschmelzen – vom Fürsichsein zum Ganzseinkönnen. Auf Französisch geht das auch ziemlich gut, aber irgendwie ist das schon sehr deutsch. Das Café Greco in Rom, im 19. Jahrhundert vor allem von gebildeten deutschen Gelehrten und Künstlern frequentiert, hat unter den italienischen Einheimischen angeblich *Caffè dei Begriffi* geheißen.[30]

Was können solche deutschen Sprechautomaten? Besonders gerne treten sie gemeinsam mit Gerundiven auf. »Ein zu übernehmendes… eine zu integrierende…« In anderen Fällen bezeichnet ein solcher Automat einen bereits laufenden Vorgang. Er wird dann zum vorwärts marschierenden Verb, das bereits in der Vergangenheit etwas getan hat, in die Zukunft weiterschnurren wird (unaufhaltsam?) und deshalb als eine Art kleine Maschine mit fester Außenhaut auftreten kann. Sehr gerne wird das im Deutschen mit der Endsilbe »-ivität« oder »-isierung« ausgedrückt. Eine beliebte Steigerungsform, die sich auf einen von Autor & Autorin produzierten unsichtbaren Gelehrtenchor bezieht, ist eine Weiterverwendung dieser Wortmaschine durch ein ungenannt bleibendes Kollektiv: die

»-isierbarkeit«. Solche Sprachkunststücke sind aber nicht auf aufgerüstete hauptwörtlich gebrauchte Verben beschränkt. Sie funktionieren mit jeder Art von auratisierten Abstraktionen, und poststrukturalistische Theorien halten dafür eine ebenso üppige Auswahl bereit wie ältere sozialwissenschaftliche Klassiker. Wenn erst einmal »die Bürokratisierung«, »die veränderte Wahrnehmung« oder »das Gesetz« anfangen, etwas zu tun, und »der Diskurs«, etwas zu erzeugen, dann können Autor & Autorin diesem bezaubernden Binnenwahnsinn ihrer Texte vollständig die Zügel schießen lassen.

Auf diese Weise lassen sich auch, ganz ohne handelnde Personen, seit langem dringend gebotene Arbeitsvorhaben entwerfen, die in der Vergangenheit (von wem eigentlich?) sträflich übersehen worden sind. Diese Arbeitsvorhaben sind gewöhnlich dadurch charakterisiert, dass sie nicht nur moralisch und intellektuell notwendig sind, sondern auch unabsehbar groß und streng genommen unabschließbar. Sie können »Internationalisierung« heißen, »vergleichende Epistemologie« oder »Interdisziplinarität«. Je unschärfer solche Schlagworte sind, desto wirksamer sind sie üblicherweise – »Handlungsautonomie«, »Methodenbewusstsein«, »Multiperspektivität«. Gänzlich unangreifbar werden die Entwürfe unabsehbar großer Forderungskataloge dadurch, dass sie mit wissenschaftlicher Superdifferenzierung – also der Betonung der subtilsten und detailliertesten Arbeitsteilung – kombiniert werden können. Als Sprachautomat auf dem Predigerstuhl kann die Passivkonstruktion dann ihre subtilsten Effekte verströmen.

Haben Autor & Autorin sich selber erst einmal die Erlaubnis zu dieser Art von Prosa erteilt, dann werden ihre Text immer abstrakter werden. Leider geschieht das fast zwangsläufig. Jede wissenschaftliche Arbeit beruht auf notwendigerweise begrenztem Untersuchungsmaterial, aus dem dann umfangreichere und auf andere Gebiete übertragbare Schlussfolgerungen abgeleitet werden. Spätestens dann, wenn sie die Ergebnisse der eigenen Bemühungen zusammenfassen, müssen Autor & Autorin den Kollegen, die über Ähnliches, aber Anderes arbeiten, die Brauchbarkeit ihrer Arbeit nachweisen oder zumindest erfolgversprechend plausibel machen. Gewöhnlich passiert das im Schlusskapitel, und dort erzeugt dieser Wunsch dann die sprechenden Wissenschaftspuppen, die animierten Automaten.

Es ist relativ leicht, sich über diese Sprachformen des Passiven lustig zu machen. Sie zu vermeiden ist um einiges schwieriger. Als Autorin & Autor können Sie solchen Passivkonstruktionen kaum völlig entgehen – sie sind überall, und Sie werden Sie auch in diesem Text unschwer entdecken. (Zum Beispiel auf dieser und auf den vorangehenden Seiten.) Diese Sprechautomaten sind nützlich, und oft sind es faszinierende, charmante und manchmal sogar sehr amüsante kleine Ungeheuer.

Als Autor & Autorin ist es aber in Ihrem eigenem Interesse, diese Fauna fest im Auge zu behalten. Schließlich sind Sie selbst die Person, die sie zum Leben erweckt hat. Beobachten Sie, an welchen Stellen in Ihrem Text diese sprechenden Automaten erscheinen und wo sie sich auffällig zu vermehren beginnen. Das sind gewöhnlich auch genau jene Passagen, in denen Ihre eigene inhaltliche Argumentation – Was ist das Resultat von was genau? – vager, schaumiger und wolkiger wird. Wenn sie solche Absätze mit gut gespitztem Korrekturbleistift lesen, können Sie Ihre Schlüsse handfester und vor allem genauer machen. Es hilft, wenn Sie sich dabei daran erinnern, dass Ereignisse selbstverständlich Konsequenzen haben, von Menschen intendierte oder auch von niemandem gewollte; und Wahrnehmungen und Slogans Wirkungen. Aber beides geschieht dadurch, dass Personen – manchmal im eigenen, manchmal im Namen von Institutionen – etwas tun, und für gewöhnlich sind das Personen mit angebbaren Namen. Selbstverständlich kann man als Autor alle Texte, Bilder, Filme und intellektuellen Artefakte als sozusagen belebte Gegenstände auffassen. Aber etwas tun können sie nur durch Protagonisten aus Fleisch und Blut. Hilfreich ist es übrigens, wenn Sie sich bei diesen Korrekturen auf die Verben ihrer Sätze konzentrieren. *Action, please.*

8. Ungeheuer theoretisch: Begriffsdrachen

Was macht also wissenschaftliche Texte lesbar, und, im Idealfall, sogar mit Vergnügen? Erstens Orientierung. Davon ist schon ausführlich die Rede gewesen. Autorin & Autor präsentieren sich ihren Lesern gewissermaßen als Reiseleiter und führen sie in Gegenden, die ihnen vorher unbekannt waren. Dabei stellen sie die wichtigsten Protagonisten, Schauplätze und Gegenstände vor und erklären ihren Lesern auch, wie und warum sie das jeweils tun. Damit diese Leser bei der Sache bleiben, darf man ihnen zwischendurch Rätsel aufgeben, das Tempo wechseln, Gas geben und sie sogar zu großen, kühnen Sprüngen zwingen. Solange man sie dabei fest an der Hand hält.

Die zweite Hälfte des Vergnügens kommt aber nicht durch Erklärung, sondern durch ihr Gegenteil,

Weglassen, und zwar durch Weglassen dessen, was der Leser bereits weiß. Das müssen Autorin & Autor ihm dann eben nicht erklären, sondern ihm ermöglichen, es selbst einzufügen und auf das ihm präsentierte Material anzuwenden – eine Andeutung, eine Geste, ein Kürzel reicht. Das hilft beim Beschleunigen. Leser schätzen das. Aber nur diejenigen, die wissen, worum es geht.

Genau dafür sind wissenschaftliche Begriffe da: Sie dienen als solche Abkürzungen. Ein Begriff ermöglicht seinen Benutzern (und zwar Sender wie Empfänger, Autorin wie Leserin), nicht jedes Mal den ganzen Inhalt eines wissenschaftlichen Arguments nachzuerzählen, samt Entstehungs- und Rezeptionsgeschichte. Sondern an dieser Stelle ein Kürzel zu bringen, ein knappes Signal, das allgemein Bekanntes aufruft. Der Begriff als Kürzel ermöglicht so dem Leser, der ja eine smarte und gut informierte Person ist, sein eigenes Wissen, das er mit dem Autor teilt, in dessen fremdes, neues Argument, das er gerade liest, sozusagen einzufüllen, es an einen neuen Ort zu transportieren (in seinen eigenen Kopf) und dort zum Funktionieren zu bringen. Und das alles ohne Verlust an Erzählgeschwindigkeit. Das macht diese Begriffe und *Begriffi* auch so ungeheuer praktisch.

Wenigstens in der Theorie.

Abstrakte Begriffe werden in der Wissenschaftssprache gewöhnlich zur Orientierung eingesetzt. Der Leser soll sich im Dickicht der vielen ausgebreiteten Einzelfakten dadurch besser zurechtfinden. Autorin & Autor versorgen ihn dafür mit einigen wenigen Leitworten, die in unterschiedlichen Kontexten angewendet werden und dadurch getestet, geschärft und weiterentwickelt – oder falsifiziert, für unbrauchbar erklärt. Diese starken abstrakten Begriffe, immer wieder repetiert, bilden dann den Argumentationsfaden, der im Text unterschiedliches Material miteinander verbindet. Das ist ein ehrwürdiges Verfahren, das aus der mittelalterlichen Theologie stammt und seither (wenigstens in gelehrten Kreisen) ausgezeichnet funktioniert.

Abstractus bezeichnete im Hochmittelalter aber keine Eigenschaft eines Texts, sondern den Gemütszustand seines Autors. Er stand für die ideale Konzentration eines Gelehrten, der nicht nur von allen sinnlichen Wahrnehmungen, sondern auch von allen affektiven und sozialen Bindungen entrückt sein sollte; ein Klarsehen in Trance.[31] Gute theoretische Abstraktionen können ihren Lesern auch im 21. Jahrhundert immer noch ein solches High vermitteln, wie alle passionierten Leser wissen. Aber als Autorin & Autor einer Dissertation sind Sie durchaus nicht losgelöst von allen sozialen Bindungen. (Im Gegenteil – denken Sie an Ihren Doktorvater.) Mystische Versenkung in Großbegriffe als unerschöpfliche Bedeutungsbrunnen, im Prinzip sicherlich eine schöne Sache, ist deshalb beim Schreiben einer Doktorarbeit nicht empfehlenswert.

In der Wissenschaftssprache kann diese Benutzung großer Leitbegriffe aber leicht besonders intensive Formen annehmen: Wenn der Begriff als Supersubstantiv auftritt, auf einer sehr hohen Abstraktionsstufe angesiedelt, hochdefiniert, könnte man sagen, sorgfältig verdichtet und aufgeladen. Ein solcher Großbegriff, der dem Autor als roter Faden seiner Argumentation dient, beginnt dann gewöhnlich ein Eigenleben zu entwickeln. Friedrich Nietzsche hat in seiner Polemik gegen die akademische Geschichtsschreibung für den Einsatz solcher besonderer Zauberworte selbst starke Ausdrücke gefunden. Er schreibt ihnen jedenfalls eine ganz eigene physische Präsenz zu. »Mit Begriffen wie mit Drachenzähnen übersät, Begriffs-Drachen erzeugend, dazu an der Krankheit der Worte leidend und ohne Vertrauen zu jeder eigenen Empfindung, die noch nicht mit Worten abgestempelt ist: eine unlebendige und doch unheimlich regsame Begriffs- und Wort-Fabrik«.[32]

Begriffs-Drachen? Wie die Superfußnote dienen solche akademischen Supersubstantive – Leit-, Denk-, Hauptbegriffe – offensichtlich nicht nur der Information ihrer Leser. Sie können (und sollen) noch mehr. Sie sind Erkennungszeichen, Signale für Zugehörigkeit. In ihnen steckt ein ganzer Theoriebausatz, und deswegen sind sie für Leser, denen das Hintergrundwissen und die Lektüre der entsprechenden Texte fehlt, oft unverständlich. Sie können dann »faitish« lauten oder »Re-entry«; »die Falte« oder »der Große Andere«.[33]

So wenig man dabei auf Anhieb versteht, was gemeint ist, für Autorin & Autor erscheinen diese Begriffe als notwendig. Nein: Als unverzichtbar. Für sie sind eben diese Begriffe der Ausweis von Wissenschaftlichkeit. Für sie sind sie der Nachweis, dass sie sich ein gewöhnlich ziemlich umfangreiches und anspruchsvolles Gedankengebäude angeeignet haben, und der Theoriesound ist für sie der Nachweis, die Initiation erfolgreich durchlaufen zu haben. Deswegen verwenden sie das Wort; oder, in noch vertrackteren Fällen, einen noch komplizierteren daraus abgeleiteten Begriff, den sie selbst erfunden haben. Das tun sie in der begeisterten Zuversicht, dass ihre Leser all die jeweils mitgedachten Implikationen selbstverständlich mitdenken und nachvollziehen werden. Ach was: nachvollziehen müssen, zwingend.

Im Gebrauch der großen Begriffe stecken also handfeste Wünsche. Mit dem Einsatz akademischer Supersubstantive – vor allem jener, die sich auf eine Metasprache wie die Semiotik oder die Systemtheorie beziehen – geht jeweils das Versprechen einher, den eigenen Text aus dem Durcheinander all dieser klebrigen, schwer abgrenzbaren und einander widersprechenden Einzeldetails herauszulösen und ihn buchstäblich hinaufzuheben auf eine Flughöhe, die endlich neutrale, kühle Übersicht auf die Gesamtphänomene und ihre Ordnung verschaffen werde. Das ist natürlich ein bisschen eine Erlösungshoffnung. Aber warum sollten ausgerechnet wissenschaftliche Autoren keine hegen?

Ein Wissenschaftler, habe ich zu Beginn geschrieben, ist jemand, der Auskunft darüber geben kann, wovon er nichts versteht. Theorie kann aber auch als Erlaubnis gebraucht werden, genau diese Selbstverortung nicht leisten zu müssen; das heißt, die Welt um sich herum und die eigene Position darin nicht zu thematisieren und den privilegierten Platz des Allgemeinen in Anspruch zu nehmen. Mit Hilfe der Theorie kann der jeweilige Autor damit sozusagen überall sein, und zwar als ein gegen skeptische Kollegen mit Besser-Wissen unüberwindlich Gerüsteter. Die Begriffe dienen dann gar nicht mehr als die scharf geschliffenen Untersuchungsinstrumente, als die sie in der akademischen Selbstdarstellung ausgegeben werden. Sie sind zu sakrosankten Begriffsmonstern und zu leeren

Totalisierungen geworden. Der Sprecher wählt den Beobachtungsabstand einfach so groß, bis alles in einem Hyperraum aufgeht, in dem außer ihm niemand mehr anwesend ist. Das ist vom hochmittelalterlichen Sinn des Worts *abstractus* vielleicht gar nicht so weit weg: Abstraktion als Vereinzelung.

Eine andere Möglichkeit wäre, die Begriffsdrachen als die Äquivalente moderner Luxusmarken in den *humanities* zu beschreiben. Bei Luxus – sagenhaft teuren Handtaschen, Uhren oder Weinen – ist mit Erfolg unsichtbar gemacht worden, welcher Diskursaufwand getrieben werden muss, um den Preis eines Luxusguts für dessen Natureigenschaft zu halten. Kostspielige und allgemein bekannte Prestigemarken werden deswegen nicht für die Dummen gemacht, die für sie genügend Geld haben, sondern für die Unsicheren: Für diejenigen, die es selber nicht so genau wissen, aber in ihrer Distinktionsentscheidung auf keinen Fall das Risiko einer falschen Wahl eingehen wollen. Diese Entscheidung ist eben nicht individuell, sondern spielt sich immer unter dem imaginierten Blick eines Publikums ab.

Vielleicht ist der Zauber, der von den akademischen Supersubstantiven ausgeht, von beidem geprägt, von den demonstrativen Posen und den Unsicherheiten, die solche Begriffsdrachen mit ihrem speziellen Sound versprechen zum Verschwinden zu bringen. Sie sind Ungeheuer, die Wünsche verkörpern. Wie erscheine ich vor den Anderen? In welche wissenschaftliche *persona* werde ich verwandelt, wenn ich diesen im Moment sehr vielversprechenden, aber schwierigen Begriff ins Zentrum meiner Arbeit stelle? Das ist verlockend; zumal es oft der zwischen verschiedenen Bedeutungen oszillierende, schwer fassbare und sozusagen utopische Gehalt eines theoretischen Begriffs ist, der es erlaubt, weit auseinanderliegende Phänomene miteinander zu verknüpfen und so weiter zu denken, und weiter zu arbeiten.

Man sollte dabei aber nicht vergessen, dass es große Begriffe gibt, die zwar einen positiven Inhalt zu haben scheinen, weil sie als Kürzel für eine im Fach viel diskutierte Arbeitshypothese dienen, aber eigentlich Ausdruck von kollektivem Nichtwissen sind: Sie bezeichnen ein Rätsel, ein Faszinosum. »Komplexion«, »Phlogiston« und »Äther« waren in der Geschichte der Naturwissenschaften solche viel gebrauchten theoretischen Fachbegriffe, und in den Kultur- und Sozialwissenschaften waren und sind sie ebenfalls nicht gerade selten. »Geist« war einmal ein solches Zauberwort, »asiatische Produktionsweise«, »Charisma«, »Zeitgeist« oder auch »Wissensgesellschaft«.[34] Alle diese Formeln müssen aber korrekt ausgesprochen und eingesetzt werden, und wehe, wenn nicht: Dann kehren sie sich gegen ihren Benutzer. In der Magie wird man beim Wort genommen. Nietzsche mag mit seiner Wortwahl von den Begriffen als mit Drachenzähnen gespickten Ungeheuern ein wenig übers Ziel hinausschießen, aber ganz unrecht hat er nicht.

Ihre Verwendung geschieht schließlich auch nicht immer ganz freiwillig. Innerhalb der eigenen Fachdisziplin dienen diese Begriffe nicht nur als Abkürzungen für bestimmte Argumente, sondern auch für Positionen, und das wissen auch alle Beteiligten. Ihr Einsatz ist entweder Pflicht, als Kürzel für Inhalte, mit denen man sich auseinandergesetzt haben muss, wenn man seine Doktorarbeit in diesem Fach schreibt. Oder ihr Gebrauch ist Kür. Dann sollen sie Denkkunststücke zeigen, kühne akrobatische Figuren, mit denen der Sprecher die eigene Beherrschung seiner Werkzeuge, kurz: Meisterschaft demonstriert. Die großen Begriffe sollen also gleichzeitig Beweis für die Kenntnis der Arbeit Anderer sein und für die eigene Brillanz. Sie demonstrieren die Zugehörigkeit zum wissenschaftlich-disziplinären »Wir« und lassen gleichzeitig das Autor-»Ich« glitzern. Sie sind, anders gesagt, Totem und Lockstoff in einem.

Schon deswegen ist ihre Auswahl nicht einfach die subjektive Entscheidung von Autorin & Autor, sondern immer eine Selbstverortung innerhalb des eigenen Fachs. Theoretische Begriffe in Doktorarbeiten sind Instrumente von Identitätspolitik. Und Identität ist eben nichts, was man immer schon gehabt hat, sondern etwas, was einem von Autoritäten zugewiesen und zugestanden wird. So möchten und werden diese theoretischen Zauberworte gelesen werden, und die fleißige Doktorandin und der ehrgeizige Doktorand wissen das auch sehr genau.

Die Begriffsdrachen werden durch die Wünsche ihrer Benutzer erzeugt. Aus dem selben Grund haben sie auch eine begrenzte Lebensdauer. Innerhalb einer Disziplin unterliegen solche Supersubstantive relativ raschem Verschleiß. »Schwer von Begriff« ist eine schöne Formulierung, wenn man sie auf das Gewicht akademischer Reputation bezieht, das manchen Worten zugeschrieben wird. Zu intensiv besetzte, gepanzerte und benutzte Begriffe werden nicht, wie die Ungeheuer im Actionfilm, von aufgeklärten Helden getötet. Viel eher versinken sie irgendwann unter ihrem eigenen Gewicht erschöpft im Sumpf.

Lachen Sie nicht. Genau daran erkennt man Jargon.

Aber wie kann man selbst verhindern, dass man welche produziert? Die Diagnose ist einfach. Einige *Begriffi* in Ihrem Text können plötzlich nicht mehr durch andere ersetzt werden, so sehr Sie sich auch bemühen. Sie haben keine Synonyme, weil nur das akademische Supersubstantiv für Sie all die Bedeutungsvarianten und -nuancen transportiert, die Sie eben »auch« meinen: Sie haben sich selbst als Autor in einen unsichtbaren Chor eingeschrieben, den es nur in Ihrem eigenen Kopf gibt. (Und nicht notwendigerweise auch in dem Ihres Lesers.) In Extremfällen führt das zum Schreiben mit verstellter Stimme, das Autorin & Autor selber nicht einmal mehr merken: Wenn sie nicht nur die großen Begriffe von ihrem Vorbild übernehmen, sondern auch noch Elemente der Grammatik und den Stil der Perioden des jeweiligen Schutzpatrons. Das führt dann zum Luhmannieren, Habermasen und Verkittlern von Qualifikationsarbeiten – wissenschaftliche Prosa, die in manchen Fällen von Parodie kaum mehr zu unterscheiden ist. Nur dass eben keiner darüber lacht. *Disciples,* hat ein britischer Psychoanalytiker geschrieben, *are the people who haven't got the joke.*[35]

Wenn Sie sich diese akademische Tröpfcheninfektion zugezogen haben, bleibt alles, was Sie schreiben, an Ihre Supersubstantive geklebt; denn ohne die verliert Ihr Text seine Selbstverständlichkeit. Genau das Instrument, mit dem Sie sich absichern wollten, bringt Sie in Schwierigkeiten. Die Supersubstantive kondensieren dann zum Schlimmeren, das es in der Wissenschaftssprache gibt, zur Akkumulation und Rekombination von Abkürzungen für Eingeweihte, für deren Erklärung gegenüber Anderen sich Autorin & Autor nicht mehr verantwortlich fühlen. Natürlich meinen sie das nicht böse, aber das hilft ihren Lesern nichts.

Jede theoretische Position, jedes Konzept, jede als Kürzel eingesetzte Denkfigur, deren Kenntnis Sie bei Ihrem Leser & Ihrer Leserin voraussetzen, müssen Sie an der Stelle, an der Sie sie zum ersten Mal auftreten lassen, in Ihren eigenen Worten erklären. Je knapper und handfester diese Definition ausfällt, desto besser. Als Autorin & Autor dürfen Sie auf den Zauber des Begriffs, den Sie verwenden, selbst nicht vertrauen – und vor allem dann nicht, wenn Sie ihm viel verdanken und das Ihren Leserinnen auch mitteilen wollen. Texte sind nur dann ansteckend in ihrer Begeisterung, wenn Sie Ihre Begeisterung in Ihren eigenen Worten zu erklären vermögen, und nicht in denjenigen, die Sie von Ihren klugen Tanten und Onkels geborgt haben; da können die noch so berühmt sein. Schmücken Sie sich nicht mit fremden Worten, sondern mit Ihren eigenen. Das macht Ihnen zwar mehr Arbeit, funktioniert aber auch besser.

Ein Herunterbrechen der abstrakten Supersubstantive ist noch aus einem zweiten Grund notwendig.

Großbegriffe lassen sich innerhalb des eigenen Texts nicht beliebig vermehren. Wenn die Supersubstantive den Lesern zur Orientierung dienen und gleichzeitig ihre Funktion als Kürzel für hochverdichtete, aber anderswo gespeicherte Information behalten sollen, dann sind sie buchstäblich Hauptpersonen im Text. Und davon darf es nicht zu viele geben, ganz wie bei den Gegenständen, Orten und Protagonisten, sonst verliert der Leser die Übersicht. Und die Lust am Weiterlesen auch.

Glauben Sie nicht, dass sie Ihr eigenes Argument schwächen, wenn Sie es klar und in simplen Worten darstellen. Schwer verständliche Aussagen mögen Ihnen Schutz versprechen, während Sie sie hinschreiben. Aber sie bewirken das Gegenteil. Das ist schon einem scharfzüngigen Göttinger Professor im 18. Jahrhundert aufgefallen. »Es lässt sich ohne sonderlich viel Witz so schreiben,« hat Georg Christoph Lichtenberg bemerkt, und der meinte mit Witz schnelles, scharfes Denken, »dass ein Anderer sehr viel haben muss, es zu verstehen.«[36] Und seither, liebe Autorin, lieber Autor, wissen das alle.

Es ist ohnehin Ihr Text

Ich habe oben vermutet, dass es beim Verbot der ersten Person Singular um Wünsche geht – daher der *double bind*. Der Wunsch, mit deutlich identifizierbarer Stimme zu argumentieren, ist so stark, dass Autor & Autorin sich davor fürchten. Deswegen soll »die« Wissenschaft – da ist sie wieder, mit großem W – einen davor retten. Man (oder doch ich?) will die überraschende, außergewöhnliche, unverwechselbare Stimme sein. Aber das, was man schreibt, soll als nachprüfbar solideste Wissenschaft erscheinen, als Kern, nein: als zukünftiges Kraftzentrum des eigenen Fachs. Ok, das ist jetzt übertrieben. Aber stille Wünsche übertreiben ja meistens. Das Ergebnis ist akademische Bauchrednerei. Sie schreiben Ihren Text, wollen aber im Text so vollständig wie möglich verschwinden. Sie streben schreibend nach Autorität als Autorin & Autor, aber ohne die erste Person Singular. Nicht ich, sondern das W spricht, wie von selbst.

Wie die meisten Wünsche wird auch dieser erfüllt, aber auf schreckliche Weise. Denn der Wunsch nach Autorenautorität ohne erste Person Singular manifestiert sich nicht nur als Scheu vor dem Konkreten und als die Unterwerfung unter die Herrschaft der sprechenden Automaten, wie oben beschrieben. Er ist auch die Ursache für ein weitverbreitetes Phänomen, das ich die Verzögerung des Sinns nennen möchte. Man könnte dazu auch falscher Spannungsaufbau sagen, oder, ein bisschen boshafter: das hysterische Versprechen der Wissenschaftlichkeit als fortgesetztes Sich-Entziehen.

Wissenschaftliche Texte behaupten von sich selbst, so streng und schmucklos wie möglich zu argumentieren und sich in erster Linie an Genauigkeit, Nachprüfbarkeit und Weiterbenutzbarkeit zu orientieren. Denken Sie für einen Moment darüber nach, warum ausgerechnet in diesen Texten außerordentlich lange und verschachtelte Sätze so häufig sind, in denen das sinntragende Verb erst ganz am Schluss erscheint. Aus denselben geheimnisvollen Gründen sehen sich viele wissenschaftliche Autoren gezwungen, ihre Sätze nicht mit einem schlichten handelnden Substantiv zu beginnen, wie die deutsche Grammatik es ihnen nahelegt, sondern mit hochkomplizierten Perioden, Relativ- und Konditionalsätzen, die sie dem eigentlichen Satz voranstellen. Und die blasen sie noch zusätzlich mit Einschüben in Klammern oder Bindestrichen auf. »Dass sich aber ein solcher an den Satzanfang gesetzte

Nebensatz (den wir uns natürlich als einen in Anführungszeichen zu lesenden vorzustellen haben) ausgezeichnet zur Hinauszögerung der eigentlichen Auseinandersetzung mit dem Satzinhalt eignet, der mehrere komplexe Forschungsfragen gleichzeitig aufwirft, könnte jetzt doch, sechs Zeilen später, deutlich geworden sein.« Nein, die Autoren solcher Sätze machen das nicht einfach so. Die sind keine Opfer. Die machen das mit Absicht.

Nur, sie haben nichts davon.

Also: Vertrauen Sie Ihren eigenen Formulierungen. Denn das ist es, was Ihre Leserinnen und Leser von Ihnen wollen. Und trauen Sie sich, Ihre eigene Sprache durchzusetzen. Denn dabei geht es gar nicht um Sie persönlich, sondern um das, was Sie mit Ihrem eigenen Werkzeugkasten im Kopf Ihrer Leser bewirken können. So gesehen lässt sich Ihr Ziel so definieren, unter anschaulicher Kontrolle zu argumentieren. Rhetorik ist nicht das dunkle Andere oder das Gegenteil wissenschaftlicher Argumente, sondern deren Ordnung. Rhetorik ist die Modalität und die Reihenfolge dessen, was Sie sagen, und deswegen hat sie selbst kognitive Funktionen. *Style*, hat ein kluger, unfreiwillig nach Amerika ausgewanderter Russe einmal bemerkt, *is not so much the man but the man's nerves*.

Es nutzt Ihnen also nichts, wenn Sie sich fürchten. »Ich« zu schreiben bedeutet deshalb, die Verantwortung für die Implikationen der eigenen Äußerungen zu übernehmen und sich nicht der Versuchung zu beugen und anzunehmen, die Sprache spreche für sich selbst. Alles, was sich erzählen lässt, kann auch verbessert werden. »Ich« zu schreiben lässt sich deshalb als eine nicht immer angenehme Pflicht auffassen. Es ist aber auch eine Möglichkeit, und zwar eine, die gut ist für Ihren Kopf: Sie setzen sich damit in Distanz zum eigenen Stoff.

Das ist kein Luxus, sondern bitter notwendig. Denn schließlich beruht auch die strengste und seriöseste wissenschaftliche Textproduktion auf etwas sehr Persönlichem, nämlich Ihrer eigenen Lektüre. Lesen ist Wildern, hat Michel de Certeau geschrieben. Jede Autorität, jedes zitierte Material nützt Ihnen nur dann, wenn Sie es – wie ein erbeutetes Tier – genau ansehen und erst einmal befragen: Was bist Du? Wofür kann ich Dich verwenden? Dann können Sie es beschreiben – ihm also neue Namen geben. Und dann umbringen, und zerlegen. Und weiterverwenden.

Das Medium bedrucktes Papier gibt Ihnen einige erstaunliche Möglichkeiten. Sie können innerhalb Ihres Texts die Zeit verlangsamen, anhalten und sogar rückwärts laufen lassen. Sie können in diesem fiktiven

Raum, den Sie im Kopf Ihrer Leser schaffen, Dinge neu benennen und nachträglich in Ordnung bringen. (Historiker tun das besonders gerne.) Auf dem Papier kann man immer zurückgehen und die Sachen noch einmal, gründlicher machen. Nutzen Sie diese Werkzeuge. Aber sagen Sie Ihren Lesern, was Sie da tun, und warum. Verrätseln Sie Ihre eigene Arbeit nicht; sie wird dadurch nicht überzeugender. Wie ein Schwimmer muss der Schreiber die Strömung, die ihn und seinen Leser voranbringt, selber erzeugen. Sonst geht er unter.

Es ist übrigens keine schlechte Idee, beim Schreiben flexibel zu bleiben. Probieren Sie neue Schreibarten aus, mit der Hand, auf fremden Computern, wechseln Sie hin und her und lassen Sie sich nicht allzu sehr in die eigenen Routinen einsperren. Denn im besten Fall ist Schreiben Selbstveränderung. Dadurch, dass man das zusammengetragene Material und die eigenen Überlegungen für Andere ordnet und nachvollziehbar macht, entsteht am Schluss, überraschend, etwas Neues, ein selbstgemachter Überschuss, der vorher noch nicht da war – obwohl man doch eigentlich dieselbe Person ist wie diejenige, die den Text begonnen hat. Aber dadurch ein wenig gescheiter geworden. Vielleicht hat Gilles Deleuze das gemeint mit seinem merkwürdigen Satz, Schreiben sei eine Art Gesundheit.

Wegen dieser erstaunlichen und irgendwie auch zauberischen Eigenheiten von Textproduktion kommt kein wissenschaftlicher Autor darum herum, Auskunft darüber zu geben, aus welcher Position er oder sie schreibt. Diese Erklärung – »Ich definiere mir einen Ort, ich zeige meine Arbeitsinstrumente vor« – ist der Ausgangspunkt jeder Argumentation. Sie ist notwendig, damit der Text, der ja ohnehin unübersehbare Zeichen seiner Entstehungskontexte trägt, von seinen Lesern auch ernstgenommen werden kann. Man kann es auch etwas unfreundlicher sagen. Ein vermeintlich entrückter Standpunkt aus der Vogelschau von ganz, ganz weit oben ist nicht die Inkarnation von Wissenschaftlichkeit (schon wieder dieses religiöse Vokabular – Zufall?), sondern ihr Gegenteil. Die Allgemeingültigkeit einer Aussage ist nichts, was Sie voraussetzen können, sondern etwas, das Sie – und niemand anders – Ihren Lesern nachweisen müssen. Oder doch zumindest plausibel machen. Abstraktion ist dabei kein Wert an sich. Vor allem dann nicht, wenn Sie einen Text schreiben möchten, mit dem Andere weiterarbeiten können.

Und damit, mit der Wissenschaft als arbeitsteiligem Unternehmen, das Ihr »Ich« verlangt, wären wir am Schluss angekommen. Und der bringt uns wieder zurück an den Anfang, zu den Bewohnern des Planeten

Akademia und deren unterschiedlichen Vorstellungen von Glashäusern und Busbahnhöfen, von Warten und Reisen. In Wirklichkeit sind diese Bewohner nicht unter sich. Wer wirklich glaubt, nur mit seinesgleichen kommunizieren zu können, befindet sich tatsächlich auf einem sehr fernen und sehr wüstenhaften Planeten.

Wollen Sie da unbedingt hin? Arbeitsteiligkeit bedeutet, dass eben nicht alle dauernd das Gleiche tun müssen, und deswegen ist sie für die gut gelaunten Spezialisten eine Chance. Schon wegen der Arbeitsteiligkeit sollte Ihnen an Lesbarkeit ebenso gelegen sein wie daran, dass man Ihren Text mit Ihnen selbst in Verbindung bringt. Und war nicht ohnehin von Anfang an geplant, dass Ihr Name auf dem Umschlag steht?

merci

Die Sache mit dem Ich ist ja gut und schön, aber Schreiben ist etwas, das man mit Anderen und für Andere macht. Ohne die Teilnehmerinnen und Teilnehmer der Schreibseminare in Luzern, Zürich, Marbach und Bern, ihrem Engagement und ihrer beharrlichen Neugier und Kritik wäre dieser Text nicht entstanden. Herzlichen Dank auch an Michael Jucker, Peter Haber und Michael Hagner, die mir großzügig ihre Zeit zur Verfügung gestellt und die verschiedenen Versionen des Texts gelesen, kritisiert und mit Ergänzungen bereichert haben. Martin Bauer ist der beste Partner, den ich mir für eine Schreibwerkstatt vorstellen kann, und wenn dieser kleine Werkzeugkasten etwas taugt, dann ist das seiner Genauigkeit, seinem Enthusiasmus und seiner vergnügten Energie zu verdanken. Ohne Bernd Stieglers hartnäckige Ermutigung wäre kein Buch daraus geworden. Und danke an Susanna: Für Ungeduld.

Anmerkungen

1 Vgl. Claude Lévi-Strauss: Gibt es dualistische Organisationen? in: Ders.: Strukturale Anthropologie I, Frankfurt/M. 1967, S. 148–180.

2 Martin Kornmeier: Wissenschaftlich schreiben leicht gemacht, Bern/Stuttgart/Wien 2008, etwa S. 159, 172, 175, 191, 208; ähnlich auch Fritz Glunk: Schreib-Art. Eine Stilkunde, München 1994.

3 Jonathan Lethem: Als Sie über den Tisch kletterte, Hamburg 2003, Original: When She Climbed Across the Table, New York 2002. Timothy Garton Ash: Free World: America, Europe, and the Surprising Future of the West, London/New York 2004.

4 Siehe dazu etwa Caspar Hirschi: Das Kulissenbewusstsein der »Gott und die Welt«-Cluster, in: Frankfurter Allgemeine Zeitung Nr. 286, 9. Dezember 2009, Seite N5; und die kritischen, teilweise polemischen Studien von Richard Münch: Die akademische Elite, Frankfurt/M. 2007, und Ders.: Akademischer Kapitalismus, Frankfurt/M. 2011 und die dort zusammengestellte Literatur. Für schweizerische Verhältnisse Peter Schneider: Die Bildungsblase und der Verfall der universitären Autorität, Zürich 2010, und Caspar Hirschi: Bilaterale Internationalität, in: Nach Feierabend. Zürcher Jahrbuch für Wissensgeschichte 6 (2010), S. 191–215.

5 »Fröhliche Wissenschaft«, hat die Schriftstellerin Felicitas Hoppe in ihren Poetik-Vorlesungen 2009 geschrieben, »die in ihrem Fleiß und Kenntnisreichtum allerdings nicht selten verkennt, dass sie selbst die größte aller Wunschmaschinen ist,

will alle ihre Interpretationen, all die eifrigen Übersetzungen wissenschaftlicher und analytischer Art zu neuen Texten machen, die wachsen und überquellen wie jenes Töpfchen im Märchen, das kocht und kocht, bis es überkocht und alles im süßen Brei erstickt.« Felicitas Hoppe: Sieben Schätze. Augsburger Vorlesungen, Frankfurt/M. 2009.

6 Dazu die hervorragende Übersicht von Peter Haber: Digital Past. Geschichtswissenschaften im digitalen Zeitalter, München 2011, S. 110 und 146 f.

7 Richard Barbrook: The Holy Fools, in: Mute 11 (1998), wiederabgedruckt in Josephine Berry Slater und Pauline von Mourik Broekman (Hg.): Proud To Be Flesh. Cultural Politics After the Net, London 2009, S. 223–236. Aus der kaum mehr überblickbaren Literatur zur kommerziellen Struktur des Internets hier nur Tim Wu: The Master Switch. The Rise and Fall of Information Empires, erweiterte und aktualisierte Ausgabe New York 2011, Steven Levy: In The Plex: How Google Thinks, Works and Shapes Our Lives, New York 2011, und David Soar: It Knows, in: London Review of Books, 6. Oktober 2011, S. 3–6.

8 Arno Schmidt: Julianische Tage, in: Ders.: Trommler beim Zaren, Karlsruhe 1966, S. 183–191.

9 Das vermeintliche Allwissen des Internets ist Phantasma, bemerkt Peter Haber lakonisch, und das meint er auch im Freud'schen Sinn einer handlungsleitenden Phantasie. In der Vergangenheit sind weit mehr Daten analog generiert worden, als heute digital vorhanden sind, und die werden auch in Zukunft vermutlich niemals retrodigitalisiert werden. Zur Zeit erscheinen jedes Jahr etwa eine Million neue Bücher auf dem Planeten. Die Deutsche Nationalbibliothek erhält pro Tag etwa 800 neue Monografien; die amerikanische Library of Congress 7000. Haber: Digital Past, S. 73 und 63.

10 Christoph Cadenbach und Tobias Kniebe: Es war einmal, in: Süddeutsche Zeitung Magazin Nr. 40, 7. Oktober 2011.

11 Das gilt bei weitem nicht für alle Bücher. Nachschlagewerke, Atlanten, Fotobände und Roland Barthes' »Fragmente einer Sprache der Liebe« wollen ganz anders benutzt werden. Aber die sind allesamt nicht als akademische Qualifikationsarbeiten entstanden. Als Autorin & Autor bekommen Sie Ihren Doktortitel dafür, dass Sie eine Geschichte erzählen (ergänzt um Anmerkungen, um sie nachprüfbar zu machen); und dafür, dass Sie dabei die Nerven behalten.

12 Im Internet kursiert derzeit ein Programm zum Herunterladen, dessen einzige Funktion darin besteht, die Verbindungen des Computers, auf dem es installiert wird, zum Netz zeitweilig zu unterbrechen; der Benutzer bestimmt, wie lange er *offline* und ungestört sein möchte. Sie lächeln, liebe Leserin, lieber Leser. Nein, technisch ist das nicht aufregend. Das Besondere an diesem Programm ist sein Name: Es heißt »Freedom«. Mehr bei Dani Shapiro: #amwriting, 15. Juni 2011, zugänglich unter: nplusonemag.com/amwriting (zuletzt besucht am 6. Januar 2012).

13 Andreas Isenschmid: Laudatio, S. 8–10, in: Wissenschaftskolleg zu Berlin (Hg.): Verleihung des Anna-Krüger-Preises, Berlin 2009; Michael Hagner: Rede zur Verleihung des Sigmund Freud-Preises der Deutschen Akademie für Sprache und Dichtung in Darmstadt, November 2008, in: NZZ, 22./23. November 2008, B 2.

14 Vielleicht ist es kein Zufall, dass es für das englische Adjektiv *omniscient* kein richtiges Äquivalent im Deutschen gibt – »allwissend« wird in sehr viel positiverer Bedeutung gebraucht.

15 Allein die Verflechtungen der Universitäten mit Militär und Geheimdiensten seit dem Kalten Krieg bieten dazu überreiches Material, von der Auftragsforschung für Unternehmen ganz zu schweigen.

16 Suzanne Marchand hat diesen Mechanismen des Ausschlusses von »unpassendem« Material in der deutschen Wissenschaft

des 19. Jahrhunderts eindrucksvolle und sehr lesenswerte Bücher gewidmet: Suzanne Marchand: Down From Olympus, Princeton 2004, und Dies.: German Orientalism in the Age of Empire. Religion, Race and Scholarship, Cambridge 2009, etwa S. 73–80; für die deutsche Geschichtswissenschaft mit ähnlichen Resultaten Dieter Langewiesche: Zeitwende, Göttingen 2008.

17 Zum Folgenden eingehender und sehr materialreich William Clark: Academic Charisma and the Origins of the Research University, Chicago 2005, etwa S. 158 f., 167, 185–203; zum Heidelberger Dekret S. 242, und Marian Füssel: Gelehrtenkultur als symbolische Praxis. Rang, Ritual und Konflikt an der Universität in der Frühen Neuzeit, Darmstadt 2006, etwa S. 152, 183.

18 Niklas Luhmann: Selbststeuerung der Wissenschaft, in: Ders.: Soziologische Aufklärung. Aufsätze zur Theorie sozialer Systeme, Opladen 1969, S. 233–252; Richard Whitley: The Organizational Structures of Scientific Fields, in: Ders.: The Intellectual and Social Organization of the Sciences, Oxford 1984, S. 152–218.

19 Das ist nicht unbedingt eine Erfindung der hocharbeitsteiligen Moderne: *Reformatio* hat die mittelalterliche Theologie dieses Programm genannt.

20 So für die Kunstgeschichte Georges Didi-Huberman: Vor einem Bild, München 2000, S. 95 f. Ähnlich für die Literaturwissenschaften Marjorie Garber: Academic Instincts, Princeton 2001, S. 89 f., die wissenschaftliche Disziplinen als »gated communities« beschreibt: »They are invitations to nostalgia, a longing for a lost unitary knowledge and a lost unitary self. And they have often turned nostalgia inward, seeking a wholer and purer version of themselves. So here is the paradox: the disciplines are constituted, precisely, on the site of their own lack.«

21 Vielleicht gehört auch die Wissenschaftssoziologie in diesen Bereich, denn Whitley benutzt zwar Begriffe aus Luhmanns 15 Jahre früher publiziertem Aufsatz, zitiert ihn aber nicht, vielleicht weil ihm Luhmann im Englischen 1984 keinen Reputationsgewinn einbringt.

22 »Der universitäre Betrieb«, hat die deutsche Literaturwissenschaftlerin Silvia Bovenschen geschrieben, »ist ein sehr merkwürdiger Ort. Haben Sie schon einmal zugehört, wenn zwei deutsche Professoren einander gegenseitig imponieren wollen?«

23 Catherine Gallagher und Stephen Greenblatt: Practicing New Historicism, Chicago 2000, S. 3.

24 Auch dafür ist die Geschichte der Zeitschrift *Representations* ein gutes Beispiel. Randolph Starn: Historicizing Representations, in: Representations 104 (2008), S. 137–143.

25 Das ist nicht nur in den Geistes- und Kulturwissenschaften ein Problem. Das Editorial einer 2011 neu gegründeten Zeitschrift für Politikwissenschaft konstatiert selbstkritisch die Unterwürfigkeit der Wissenschaftler gegenüber überflüssigem Fachjargon, mit einem ganzen Wald von Anführungszeichen. »›Konfigurationen‹, ›Implementierung‹, ›Determiniertheit‹, ›Synergieeffekte stiften‹, ›Kreativitäten fokussieren‹ – Retortengeschwurbel dieser Art versuchen wir zu vermeiden.« Durch verengtes Vokabular, Dogmatismus und Devotion gegenüber vermeintlich wissenschaftlichen Standards habe sich das Fach derart hermetisch verpuppt, dass es im öffentlichen intellektuellen Raum keine Rolle mehr spiele. Katharina Rahlf und Franz Walter: Editorial, in: Indes. Zeitschrift für Politik und Gesellschaft, Nullnummer Herbst 2011, S. 6 ff. www.v-r.de/de/Indes/z/500063/ (zuletzt besucht am 4. Januar 2012).

26 Und er fährt fort: »Heute erscheinen die heiligen Schriften der Pariser Theorie oft nur noch als indifferente Textmaschinen, die nur aus einem einzigen Grund existieren: um akademische Karrieren zu legitimieren.« Der Rückgriff auf Theorien in den

Medienwissenschaften und Cultural Studies-Programmen ist für Lovink ein Erbe der 1990er Jahre, als es einen Überfluss von spekulativen Theorien gab und nicht genügend empirische Daten. Nicht trotz, sondern weil sich keiner der vielbenutzten Autoren – von Benjamin und Brecht über Innis und MacLuhan bis zu Williams, Baudrillard und Kittler – mit aktuellen technischen Entwicklungen auseinandergesetzt haben konnte, lieferten sie genügend wirkungsvolle Fragmente. Nach 2001 seien aber diese Theorien endgültig selbst historisch geworden. »Erwarten wir denn ernsthaft aufregende Entdeckungen, wenn wir YouTube mit Spivak lesen, Google à la Deleuze verstehen oder Twitter mit Butler deuten?« Geert Lovink: Medienwissenschaften. Diagnose einer gescheiterten Fusion, in: Zeitschrift für Medienwissenschaft 4 (2011), S. 159–176.

27 Zwei amerikanische Ideenhistoriker haben in einem lesenswerten Aufsatz über wissenschaftliche Kontroversen einen Verhaltenscode für Wissenschaftler entworfen, Benimmregeln oder »non-controversial rules«, auf die sich alle Beteiligten sinnvollerweise verständigen – nicht zuletzt aus Gründen der Zeitersparnis. Ihre Beispiele beziehen sich auf Historiker, aber sie sind ohne weiteres auf andere Fächer übertragbar. Erstens: Wissenschaftler sollten die Quellen, die sie benutzen, gründlich gelesen haben – nicht nur Zitate oder Zusammenfassungen aus der Sekundärliteratur, sondern die Texte selbst. Zweitens: Wissenschaftler sollten sich nicht nur für das Material interessieren, das sie selbst studieren, sondern auch für dessen frühere Wirkungen – d.h. dafür, wie andere Gelehrte es benutzt oder abgelehnt haben. Und drittens sollten sie versuchen herauszufinden, was ihre Vorgängerinnen und Vorgänger über ihr Thema schon gewusst haben, um den Verlust an einmal bereits gewonnenen Informationen so gering wie möglich zu halten. Anthony Grafton und Suzanne Marchand: Martin Bernal and his Critics, in: Arion 5 (1997), S. 1–35.

28 Siehe dazu – durchaus polemisch – Peter Schöttler: Die autobiographische Versuchung, in: Alf Lüdtke und Rainer Prass (Hg.): Gelehrtenleben, Köln/Wien/Weimar 2008, S. 131–140; dort auch die Nachweise für die Zitate aus Ranke und Weber.
29 Proust, Wiedergefundene Zeit, S. 3827–3830; hier zitiert nach Roland Barthes: Wie zusammen leben. Vorlesungen am Collège de France 1976–1977, hrsg. von Eric Marty, Frankfurt/M. 2007 (Original Paris 2002).
30 Thomas Steinfeld: Die Enden der Parabel. Über das Wort als Norm und den Satz als unterschätzte Größe der Interpretation, in: Michele Luminati u.a. (Hg.): Spielräume und Grenzen der Interpretation, Basel 2010, S. 184–203; Eric A. Blackall: Die Entwicklung des Deutschen zur Literatursprache 1700–1755, Stuttgart 1966.
31 Gadi Algazi: ›Sich selbst vergessen‹ im späten Mittelalter. Denkfiguren und soziale Konfigurationen, S. 425, in: Otto Gerhard Oexle (Hg.): Memoria als Kultur, Göttingen 1995, S. 387–427.
32 Friedrich Nietzsche: Vom Nutzen und Nachtheil der Historie für das Leben, Stuttgart 2009 (1874), S. 106.
33 Und so fort: Setzen Sie doch probehalber dasjenige Zauberwort ein, das Sie für Ihre eigene Arbeit so ungemein aufregend und produktiv finden.
34 Siehe dazu Slavoj Žižek: Körperlose Organe, Frankfurt/M. 2005, S. 66.
35 Adam Philipps: On Flirtation, London 1994, S. 162.
36 Zitiert nach Hans-Martin Gauger: Über Sprache und Stil, München 1995, S. 254.